U0135390

# VAN GOGH

## IL COLORE DELL'ANIMA

# VAN GOGH

## IL COLORE DELL'ANIMA

Enrica Crispino

〔意〕恩里卡·克里斯皮诺 —— 著　曹夏夏 —— 译

凡·高
灵魂之色

上海三联书店

# 目录

凡·高出生时所住的房子，位于津德尔特，于 1903 年拆除，这张照片（局部）
来自那一时期

第一章

# 躁动的青春期

# 双生

　　文森特·凡·高的母亲安娜·科妮莉亚·卡尔本图斯究竟如何熬过了怀孕和临产的那段时间？因为就在前一年，即1852年，她的第一个孩子出生没多久就夭折了，所以不难想象，她会陷入怎样复杂和纠结的情绪中：既满怀希望，又焦虑不安地等待着这个孩子出生。1853年3月30日，一个崭新的生命带来了希望，他活下来了。然而3月30日并不是一个寻常的日子，这一天恰好是凡·高夭折的兄长的祭日。神奇的巧合，几乎是

12 岁左右的文森特·凡·高

13 岁的文森特·凡·高

宿命，像一件"命中注定"的事。仿佛就连上天也把第二个文森特——这是第一个孩子的教名——当成了第一个孩子的替代品。想必文森特生前也是这样想的，甚至可能比这更糟，或许他觉得自己是一个盗贼，占据了别人的摇篮，偷走了别人父母的爱护。至少有人提出了这种"负罪感"的观点，并认为这种感觉早在凡·高童年时代就形成了，以此来解释凡·高在以自杀结束自己不幸的一生前所遭受的折磨。如果读者愿意相信关于胎儿感知的一些最新理论的话，凡·高情绪上的不稳定可以解释为可能是其母亲在怀着他时传递的紧张焦虑造成的。但无论原因为何，凡·高的确从小就有着比常人更痛苦、更焦躁，也更敏感的灵魂。

凡·高的家族有着悠久的历史。文森特的祖辈从 16 世纪起就定居于荷兰，他们的姓氏可能源于德国的边境小镇高（Gogh）。这个家族也有许多人担任过重要的公职，比如约翰内斯·凡·高，1628 年时担任荷兰共和国的"最高财务官"；米海尔·凡·高是 1660 年迎接英国国王查理二世登基的使馆成员之一。1822 年，凡·高的父亲西奥多罗斯·凡·高于本斯霍普出生。在乌得勒支完成了神学的研习后，他开始了传教士生活，成为加尔文教派在津德尔特的精神领袖。该地区现隶属于荷兰的北布拉班特省，西奥多罗斯在 1849 年 4 月 1 日移居于此，时年 27 岁。西奥多罗斯的兄弟姐妹十人

分散居住于荷兰各地。文森特与其中四位叔伯关系更亲厚，他们是：亨德里克·文森特（被称为海因伯伯），布鲁塞尔的一名艺术品经销商；约翰内斯（简伯伯），住在阿姆斯特丹，并在那里当过海员；科内利斯·马里努斯（科尔叔叔）和文森特（森特伯伯），两人都是艺术品经销商。文森特的母亲出生于1819年，她的父亲在海牙宫廷中从事书籍装订工作。1851年，她与小她3岁的西奥多罗斯·凡·高结婚。二人婚后共育有七名子女，在第一个孩子去世之后，凡·高出生了，接着安娜·科妮莉亚（1855）、提奥（1857）、伊丽莎白·胡贝尔塔（1859）、威廉米娜·雅各布（1862）和科内利斯·文森特（1867）相继出世。安娜·科妮莉亚·卡尔本图斯是一位性格刚毅的女子，她喜爱亲近大自然，并在她的信件中显示出了写作天赋，她那从事绘画事业的儿子可能继承了这一天赋。

在这个庞大而循规蹈矩的普通家庭里，文森特带有一种与生俱来的本能，他的性格似乎与当地封闭而又传统的环境大相径庭。"我的青春时光是……忧郁、寒冷且看不到未来的"，文森特在写给弟弟提奥的几百封信中的一封中这样写道。正是这些信件，再加上他与妹妹威廉米娜及其他亲戚，还有一些朋友比如画家埃米尔·伯纳德的往来信件，给我们提供了了解凡·高生活和思想的主要线索。人们整理了他用荷兰语、法语和英语三种语言写的信，共计 864 封，其中有 668 封是他从 1872 年 12 月 13 日到 1890 年 7 月 23 日间写给弟弟提奥的。1914 年，提奥的遗孀乔安娜·邦格首次整理出版了凡·高写给提奥的信件。后来提奥夫妇的儿子文森特·威廉——凡·高的同名侄儿——出版了两兄弟之间完整的往来书信，还公布了他父亲与其他艺术家之间的往来信件。对文森特来说，比他小 4 岁的弟弟提奥，毫无疑问是他一生中最重要的人，是他的家庭关系中最重要的一部分。从这些信件中，我们可以看出他们非同一般的手足之情。从幼年到青年，兄弟二人间建立了一种相互信任、亲密无间的关系，即便他们最后并没有成长为有相同认知和选择的人。当时文森特是家里的"害群之马"，而提奥是"死脑筋"，这让他们感觉非常亲近，并产生共鸣，文森特曾在信中多次提到连接着他和提奥的那种强有力的纽带。比如，文森特在 1876 年给弟弟的信中写道："我很高兴我们两个有这么多的共同点，我指的不仅是那些童年的回忆，还有你工作的公司，正是不久前我工作的地方，你认识了很多对我来说很熟悉的人和地方，这里的环境能培养出对人和艺术的深厚情感。"在 1880 年文森特开始成为职业艺术家的时候，他们的关系比以前更加亲厚了，因为提奥成了哥哥的"艺术赞助人"。两人的这种关系维持了一生，

凡·高出生时所住的位于津德尔特的房子，于1903年拆除，这是那个年代的一张照片

使得凡·高能够专注于自己的工作。文森特想要用画画的方式回报弟弟，他不停地画画，尽管他自己第一个明白他那些画作是多么一文不值。"你对我这么好，我真希望能为你做点什么，来证明我并不是个忘恩负义的人"，1889年11月他在给弟弟的信中这样写道。此外，文森特觉得提奥也是一个艺术家，甚至是他作品的合作者，在一封1888年9月的信中，他说："至今，我仍旧不认为我的画同从你那儿得到的好处等值。一旦有人知道这些画好在哪里，我向你保证，你和我一样都是这些画的作者，因为本来就是我们一起完成的。"人们找到了他临终前尚未寄出的一封信，信中他再次提到，"我亲爱的弟弟啊，我想再次告诉你，我从不认为你仅仅是一个买卖柯洛画作的商人，你几乎参与了我一些画的创作，尽管它们是那么失败，还静静地留在那里。"

在写给提奥的信中，文森特与父母之间紧张的关系显露无遗。与其他的信相比，特别值得一提的是1881年凡·高和家人生活在一起时写给弟弟的信，那时的他在经历了一系列失败后回到了埃滕——荷兰北布拉班特省中部的小城。在他到家头几个月寄出的这封信中，有比较清晰的一段："爸爸妈妈都非常好，但他们并不能理解我们内心最深处的情感，并不像我们一样能够彼此理解。他们全心全意地爱着我们（特别是你），而我们（我像你一样）也深深地爱着他们；但可惜，更多的时候他们并不能给予我们一些实际的意见，尽管他们的本意是好的，但总是不懂我们。这不是我们的错，也不是他们的，而是因为年龄、想法和处境不同。"

在埃滕，一件事激化了他与父母间的矛盾：文森特做了一件曾经做过，后来也一直在做的事——爱上了错的人。这次他爱上的是表姐柯尔，一个带着孩子的寡妇，而她完全无视他的存在。然而凡·高并不愿意放弃，他一步步地接近，却在所有人的阻止下结束，他开始和家里人疯狂地争吵，尤其是和父亲。尽管文森特热切地想得到家人的包容与支持，但他无法忍受父亲那套冷酷无情的伦理道德观以及狭隘的思想，还有死板的教条和他的独裁。这点在他给弟弟的信中显而易见："爸爸不能倾听我的心声，不能理解我，而我也受不了他那一套，他给我带来令人窒息的压迫感。我也会时不时地读读《圣经》，就像我读米什莱、巴尔扎克或艾略特一样；但我从《圣经》里读出了和爸爸不一样的理解，我无法读出他读到的所有东西，无法用他的学术思维进行解读……关于艺术的问题，爸爸一点都不懂。只有当他在很多事情上都不干扰我的自由和独立时，我们才能达成共识。"在写了前一封信几个月后，他忧伤地写下了这封信。另外一封写于1882年1月，那天他与父亲吵得异常激烈，他父亲喊着让他滚出家门（这件事让文森特在搬到海牙之后还无法释怀，两次提起），为此，他写了大段文字来驳斥父母，以控

诉他是怎样不被理解的。他向弟弟提奥清晰地列出了十个论点，指责父母对儿女缺少怜悯之心，譬如在第二点至第六点中我们能读到一些清晰的论据："二、'使爸妈不得安宁'这样的话不是你会说的，这种话来自那个虚伪的父亲，这一点我早就知道。我已经和爸妈说过，我觉得这种说法很虚伪，因此它无法再伤害到我。每当有人说起他无法应对的问题时，爸爸就会甩出这种话；比如说他能在惬意地读着报纸、抽着烟的时候，说出'你迟早会杀了我'这样的话。所以我不把他的这些话当回事。有时爸爸会大发雷霆，让我们都很害怕，无所适从，只能乖乖听话。当然，如果别人不把他当回事，他也会生气。爸爸在家里特别暴躁、固执，认为所有人都该对他言听计从。他脑袋里的任何一个突发奇想，都应当成为'家庭行为准则'，我也不得不服从。三、反抗一个老人并不困难，但恰恰因为爸爸是个年迈的弱者，我才一再退让，上百次地忍受了我原以为自己不能忍受之事。然而这一次，我完全懒得和他吵，而是直截了当地告诉他'够了！'由于他并不想讲道理，我认为清楚明了地制止他更合适。我觉得这对爸爸来说是一件很好的事，他有时真应该听听别人没有勇气告诉他的一些想法。四、我们的关系（凡·高和他父亲）可能很难修复了。但于情于理，我还是写了封信给爸爸，告诉他我在外边租了一间画室，并祝福他一切都好，希望在新的一年里，不再有任何形式的吵架。没有必要再争执什么，因为毫无意义。如果只发生过一次，那结果也不会是这样的；但这次只是很多次争吵的最后一次，当时我下定决心冷静地同他讲道理，但他从来不把这当回事。当我被愤怒冲昏头脑的时候，我的想法也与冷静的时候一般无二，但这次我再也无法保持沉默，我也不知道该怎样委婉地回应。我承认，这次我确实发脾气了。但我并不为此感到抱歉，如果爸妈以后还是这样，该说的我一个字都不会收回！如果什么时候他们能变得稍微仁慈点，有感情点，更实在点，我会非常开心地收回我说过的所有不好的话。但我不认为这种假设能成立。五、爸妈只要不和我休战，他们就没法过日子，因为他们给自己周围制造了一片荒漠，给自己准备了一个悲凉的晚年……如果他们不做出改变，恐怕他们会在孤独中迎来很多个悲伤的日子。六、我没什么好后悔的。在我们的关系发展到这个地步之前，我因为与父母之间无法相互理解而煎熬了很久。但事已至此，说实话，我没什么可遗憾的，只觉得如释重负。如果事后我觉得自己当时做得不对，自然会为我的行为后悔，但到目前为止，我还没找到其他和他们相处的方式。即使在将来，如果我听到一句坚定的'赶紧滚出这个家！'我也会马上就走，再也不回来。出于经济原因，也为了不给你添更多麻烦，我是不会自愿离开家的，我想你应该能懂。但是他们的那句'滚！'让我认清了自己的前路。"

所以，在文森特去往海牙追寻自己艺术道路的同时，一个拥有和睦家庭关系的幻想也破灭了，用他自己的话来说就是"事已至此"。几个月后，与父母决裂的痛苦再次涌上心头，他又陷入了感情的泥潭，他给弟弟写了无数封信，其中一封写道："提奥，我忍不住在想，如果爸爸能多给我一点信任，少一点质疑，我们家的情况会变得多么不同。如果他不是总把我看成一个只会犯错的人，而是表现出更多的耐心，有更多的意愿去了解我真实的想法，那些他不能理解的想法。这样的话，首先，他不会因我而如此难过，也不用为我这么操心；其次，我也不会倍感痛苦，因为这是一件特别悲哀的事：现在的情况比没有父母、没有亲人、没有家还要糟糕。从以前到现在，我经常这样想。"

《艺术家母亲的肖像》
阿尔勒 | 1888 年 10 月
帕萨迪纳（加利福尼亚州），诺顿·西蒙艺术博物馆

凡·高于 1882 年 1 月离开的父母在埃滕的家，并不是他出生的地方。他们家于 1875 年搬到埃滕，此前一直生活在荷兰北布拉班特地区一个叫作津德尔特的小村庄，那里才是凡·高出生的地方。前文已经提过，凡·高的父亲在那里找到了他的第一份工作，成为一名加尔文教派牧师。凡·高这位未来的艺术家，正是在这个距离比利时城市安特卫普 30 千米的乡村，度过了他的童年和少年时光。

# 最初的
# 绝望

弟弟提奥

有关凡·高 10 岁前的资料很少。他在童年时期似乎过着正常的生活，于 1860 年入读一所乡村小学，第一年的老师是个天主教徒。之后，依照父亲的要求，他跟着私人教师继续学业，直到 1864 年，11 岁的凡·高被送往邻近泽芬贝亨的寄宿学校。那时，他敏感的性格使他第一次体验到离别的痛苦，悲伤的记忆直到成年后仍旧历历在目，当他回想起那个场景时，他写道："我和普罗维利先生站在台阶上，看着我们的马车在湿漉漉的大街上越走越远。"此后，凡·高又在津德尔特附近的蒂尔堡读了两年中学。他的学业终止于 1868 年，此时他 15 岁。可能主要是出于经济原因，家里无力继续供他读书，但也可能因为凡·高的学习成绩欠佳，他自己也不想再给父母增加负担，于是一年后，他开始工作了。当近十年之后的 1877 年，凡·高想要进修神学，准备大学的入学考试时，也出现了相似的情况。与前一次一样，他在学习上的努力并没有结果，而过多的开支又使他不得不放弃学业。"你可能会说：你为什么不像我们希望的那样，继续读大学呢？"在1880年给提奥的信中，凡·高写道，"对于这个问题，我只能回答：太贵了。"他简短地解释了他中途弃学的理由。

对于在津德尔特度过的童年，凡·高记忆深刻的是北部平原薄雾朦胧的景致，以及独自或在亲爱的弟弟的陪伴下漫步的场景。"那些在布拉班特田间和荒野的记忆，将永远留在我们心中。"成年后的凡·高在信中这样对提奥说。"在我们布拉班特有很多栎树，在荷兰还有很多柳树。"1878年，他在博里纳日的煤矿区回忆道。"在病中，我回想起津德尔特家中的每一个房间，每一条路，院子里的每一棵植物，周围的建筑、广场、邻居、公墓、教堂和它的菜园，甚至还想起了公墓里那棵高耸的洋槐树上喜鹊的巢。"这封信于1889年1月凡·高首次因精神崩溃被迫入院治疗的次日从阿尔勒寄出。数月后，他在普罗旺斯圣雷米的精神病院写道："随信给你寄了几幅这里的知了的素描，在炎热的日子里，它们的歌声对我来说与我们家一带农家的蟋蟀一样有魅力。"总而言之，对那片土地的记忆，铭刻在了这个敏感的人心上。他少年离家，不顾一切地寻找自己该走的道路直至30多岁，而饱经沧桑之后，无论钱财还是幸福，他一无所获。

凡·高第一次开始思考自己的未来是在1869年，他16岁的时候。他在父亲的兄弟森特伯伯的帮助下，在古皮尔公司的海牙分部找到了工作。古皮尔公司是巴黎一家很权威的艺术品经销公司，它的子公司遍布欧洲各地。这看上去是一个早熟而负责任的少年做出的明智选择。但在1876年，文森特回忆起那个他迈向成人世界的决定性瞬间时，在给提奥的信中写道："我爸爸是一个荷兰小村庄的牧师。11岁开始我去上学，直到16岁。在那个时候，我就要选择一份工作，但我不知道自己要做什么。"

森特伯伯（文森特），凡·高父亲西奥多罗斯的兄弟

《入口处的大道》
海牙 | 1872 年秋—1873 年春
阿姆斯特丹，凡·高博物馆

这封信让我们看出这个年轻人并不那么确定那时要做什么样的选择。事实上，几乎可以肯定地说，他的选择是有限的，是需要与父母的期待一致的。在这方面得提一下，在凡·高家族中，男性从事的职业通常会代代相传，它们大体上分为两类：牧师（西奥多罗斯，他的父亲，是一位新教牧师的儿子）和艺术品经销商（像他父亲的三个兄弟，后来是提奥）。所以，为了不丢掉家族传统，文森特先后走上了这两条路。他是真心想把这两样工作做好，但两次都失败了，不过每一次尝试所获得的经验都深深地影响了他后来的艺术创作生涯。

受雇于古皮尔公司期间，凡·高得以长时间地接触到绘画和素描，同时有机会欣赏到大量的古代及当代艺术作品的复制品和照片；在闲暇时，他有机会去参观城里的博物馆，研究荷兰大师们的作品。直到1873年，事情的发展都非常顺利。在这一年，他的弟弟提奥也进入了古皮尔分公司（在布鲁塞尔，他可以依靠他的海因伯伯）。这一年很特别，文森特第一次在巴黎短暂停留，其间他满怀热忱地参观了沙龙、卢浮宫和卢森堡博物馆。但最重要的是，他在同年被调去了古皮尔伦敦分公司，这个转变使他的精神世界更加丰富，也影响到了他在这家艺术品复制和印刷公司的工作。让人意想不到的是，在短短两年之后凡·高突然被解雇，再也没有被重新聘用。凡·高在伦敦待了两年，这两年里他饱受痛苦和孤独的折磨，他的信件中流露出愈加忧郁的味道。他在伦敦的生活孤单而乏味，也是因为他收入微薄，能带给他乐趣的只有这些事：下班后在公园或在泰晤士河畔散步，参观博物馆，带着极大的热情阅读如狄更斯和乔治·艾略特这种"同病相怜"作家的著作，欣赏那些有名的艺术作品。同年8月，因为房租涨了很多，他不得不搬到寡妇劳尔在哈克福德路87号家中开的膳食公寓。在那里，不幸的一刻又开始了，他爱上了房东的女儿，但遭到了拒绝。他感受到了爱情里灼人的失望，这是他情感道路充满波折的一生中第一段不可能的恋情。这里多说一句，女孩的名字叫欧仁妮，而不是许多早期传记所说的厄休拉，这些传记把女孩和她母亲的名字弄混了。但也有人认为凡·高第一次不愉快的恋爱，是和另外一个叫卡罗琳·翰娜贝克的荷兰女孩，这件事直到现在还没有被完全证实。

在阴郁而令人绝望的伦敦旅居生活中，文森特开始表现得举止神秘，并逐渐转变成了一个真实而自我的狂热教徒。他越来越醉心于宗教，后来甚至对古皮尔的工作都漠不关心。1875年5月，在森特伯伯的帮助下，文森特被调到巴黎总部，伯伯希望这样的改变能对他有所助益，但事与愿违。同年9月，凡·高写信给提奥，"倘若一个人皈依基督教，那他就会是一个全新的人。抛却陈旧的事物，才能成为全新的。我想要毁掉我所有诸如米什莱之类的书籍，并且希望你也这样做。"从这段文字可以清楚看出，凡·高的内心已然发生巨大的变化，他以全新的视角看待自己的生命，认为自己的使命就是服务那些与他有着相同命运的人。他的新信条严苛到要放弃所有世俗利益，包括他喜欢的那些与宗教无关的图书。如今他只喜欢品读《圣经》和《师主篇》（"读它吧，这是一本伟大的书，它能照亮我们。"他在给提奥的信中如是说）之类的书。

1875年底，他在古皮尔的职位不保。那段时间凡·高在工作上花的心思越来越少，常常上班迟到，对待客人脾气暴躁且举止粗鲁，也无法忍受上司，还在没有得到允许的情况下就离开公司，回家过圣诞节。直到1876年4月初，经布索特&法拉东股东同意，巴黎艺术之家给了凡·高一封辞退文书。

《海牙皇家庭院的池塘》
海牙 | 1873 年春
阿姆斯特丹，凡·高博物馆

学校与矿井

对凡·高来说这是一种解脱，他觉得终于找到了真正属于自己的道路。于是他离开巴黎，回到伦敦，并在一所私立学校做代课教师，以解决温饱和住宿问题。学校由牧师威廉·波特·斯托克斯在拉姆斯盖特开办。他在这里负责二十四个10岁到14岁小孩的教学工作，孩子们很喜欢他。之后的那个夏天，他在另一所学校找到了工作，学校由卫理公会一位受人尊敬的牧师托马斯·斯莱德琼斯于艾尔沃思的郊区开办。凡·高渴望找到一份与宗教相关的工作，他成功地争取到了10月29日举行的一次礼拜日布道。但他的讲道并没有说服力和吸引力，就像发生在他父亲身上的一样。圣诞节的时候，他回到埃滕的父母家。比之前更糟的是，他对宗教的理解变得越发极端，这让他的父母很担心，他们设法阻止他回到伦敦。这时他伯伯森特，设法在一个叫包乐史与凡·布恩的书店给他找了一份店员的差事，这家书店位于埃滕市附近的多德雷赫特。但由于凡·高志不在此，家人的阻挠只获得了暂时的成功，他继续追逐着他那荒唐的梦想。在书店里，他对待同事和顾客的时候依然敷衍和粗鲁。最后他还是放弃了这份工作，并与父亲达成了看起来双方都还算满意的和解：他可以按照自己的想法选择接下来的生活，但要确保最终能有个好的出路，这个两全其美的解决方法就是去阿姆斯特丹大学研习神学。于是在 1877 年 5 月，他践行诺言开始准备入学考试。之后的所有事情都被安排得妥妥当当。他父亲的另一个兄弟，伯伯约翰内斯（简伯伯），是一家造海船厂的领导，特意在阿姆斯特丹的家里接待了他。他母亲的兄弟牧师史迪克，则在学习方面给予了凡·高一定的帮助，他请蒙德斯·德·科斯塔教授教文森特希腊语和拉丁语。科斯塔教授后来回忆道："我从三楼的房间……看到他来了，当时他右臂紧紧抱着书，左手拿着清晨从墓地附近采的雪花莲。"

就像之前一样，文森特在某一时间又决定放弃，因为他付出很多，回报却很少。"我只要一想到这事，还是会战栗不已，那是我一生中最糟糕的时期。"在两年后给提奥的一封信中他又提到这件事。"希腊语和拉丁语对我来说有什么用？"他应该这样问过自己。他不想成为一位沉闷的教授或者一位体面的牧师，狂热的宗教信仰令他想投入战斗，与那些遭受苦难的人并肩作战。1878 年 7 月，文森特离开了阿姆斯特丹，回到埃滕的父母家。家里人依然尝试着去谅解他，同他谈心，想要改善家庭关系。于是，之后是在布鲁塞尔附近的拉肯进行为期三个月的课程，可以让他在不用学习拉丁语和希腊语的前提下，得到一个民间传教士的名头。鉴于凡·高此前屡次的失败，他的父母对这次尝试其实也没抱太大期望："我总是在想，无论做什么事，文森特古怪的秉性和怪异的想法都会毁掉一切。"他的母亲这样写道。他父亲补充道："看到他这样，我们也很痛苦，他活得一点都不开心，总是意志消沉，垂头丧气……他就像是故意要走一条最艰难的路。"结局不出所料，西奥多罗斯和安娜·凡·高的预言成真，文森特没能通过该课程最后的考核。

但这并不意味着他接受了失败。他依旧固执而倔强，为了

《埃滕的教堂和圣所》
埃滕｜1876年4月
阿姆斯特丹，凡·高博物馆

左下图
伦敦威斯敏斯特桥和国会大厦的草图
画在给弟弟提奥的信上，用了有古皮尔抬头的纸
巴黎｜1875年7月24日
阿姆斯特丹，凡·高博物馆

上图
《彼得舍姆和特南格连的教堂》
画在他于1876年11月25日从艾尔沃思寄给弟弟提奥的一封信上
阿姆斯特丹，凡·高博物馆

《哈克福德路之家》
伦敦｜1873—1874年
阿姆斯特丹，凡·高博物馆

《拉姆斯盖特学校窗外的景色》
1876 年
阿姆斯特丹，凡·高博物馆

《玛格罗斯家》
库埃马 | 1879 年
华盛顿，国家美术馆

下图
博里纳日，瓦姆的煤矿

《拿煤铲的人》
库埃马｜1879 年 7—8 月
奥特洛，克勒勒－米勒博物馆

《在博里纳日》
库埃马－瓦姆｜1879 年 7—8 月
阿姆斯特丹，凡·高博物馆

《归来的矿工》
库埃马｜1880 年 9 月
奥特洛，克勒勒－米勒博物馆

在他看来是命运交付给他的使命而坚持着。他决定搬到比利时南部的矿业大区博里纳日。在 19 世纪下半叶，比利时是最大的产煤国之一，而煤炭又是 19 世纪最重要的经济资源之一。得益于技术的不断进步，煤炭开采业有了长足的发展。但矿工们的工作非常艰辛，并且充满危险，他们的生活条件也很差，而文森特想做的，正是给那些贫穷的矿工家庭带来些许安慰，向他们朗读并讲解《圣经》，和他们一起生活，经受生活的考验。1878 年 11 月，这位心怀抱负的传教士在帕蒂拉日的艾丽莎街39 号安顿下来，他的父亲为他支付着每月 30 法郎的房租。几个星期后，新的一年到了。1879 年年初，他得到了布鲁塞尔福

《洛斯德伊嫩的农场》
海牙 | 1883 年 8 月
乌得勒支，中央博物馆

音学校的部分认可，被临时任命为瓦姆附近一个小镇的世俗牧师，每月可获得 50 法郎的薪水。文森特觉得自己离目标更近了，但因为他没办法让自己变得"正常"，所以他又一次把事情搞砸了。他在现实生活中生搬硬套福音书中的教条，开始让自己生活在绝对贫困中，把身体和灵魂都献给他人。结果是他拒绝住在舒适的房子里，搬到一处棚屋，睡在地上，吃粗茶淡饭，赤着脚走路，让自己的身体受罪。他把自己拥有的一切都给了穷人，奋不顾身地去照顾生病的人，甚至染上了伤寒之类的传染病。除此之外，他那颗敏感的心让他对矿井中那种地狱般恶劣的工作条件感到无法忍受，正如 1879 年他从瓦姆寄给提奥的信中所明确说到的："不久前，我做了一次有趣的探险，在一个矿井里待了六个小时。那是马尔卡斯最老旧最危险的矿井之一，因过多的死亡人数而臭名远扬，很多矿工因为下矿、爆炸、有毒气体、渗水和塌方等丧命。这个地方非常阴暗，一到这里就会感到压抑、不祥。几乎所有的矿工都在发烧，他们的样子疲惫而憔悴，因过劳而瘦削的面庞让他们看起来更苍老。这个矿井有五个矿层，上面的三层已经被挖空废弃了：因为现在产量特别少，没有必要继续挖了。矿井下的作业环境是我从未见过的。试着想象一下，在地底低矮狭窄的矿洞中，一些木柱子勉强支撑起一排排小格子区域，每一个小格子里，都有一个穿着粗糙工作服的矿工，又脏又黑，像个扫烟囱的人，在一盏小灯散发的昏暗光线中采煤。有些小格子足以让他们站着工作，还有些则令他们不得不躺着工作……这些小格子的组合让人联想到蜂巢，或者地牢阴暗的走廊，又或者纺织工人一排排的织布机，或者说好听点吧，像一排排烤面包的炉子……这些矿洞就像布拉班特工厂里高高的烟囱一样。这里少许渗出的水在矿灯下产

生了一种奇特的效果，使矿洞看起来就像钟乳石洞穴……很多
重活都是由小伙子、小姑娘来做的。在 700 米深的地下，竟然
有一个马厩，马厩里有七匹老马，它们把矿车拖到一个接驳的
地方，煤炭从那里被提到地面。其他矿工为防止塌方而修补着
老旧的地道，或者继续开掘新的矿洞……他们中的很多人都是
文盲，很无知，但能够迅速地完成他们艰辛的工作。他们都是
些坦率而勇敢的人，身材虽然矮小，但也敦实，都有着忧郁而
深邃的目光。他们工作繁重，要做的事情很多。"

　　文森特怀着极大的热情，全心全意地做着这份工作。但他
的上司并不看好他，他们决定不让他继续干了。但文森特并没
有放弃，他不顾一切地继续着他的福音传道工作，从博里纳日
到库埃马，一贫如洗地独自对抗着一切，甚至不能再从提奥的

《有大堆泥煤的农场》
1883 年
阿姆斯特丹，凡·高博物馆

来信中获得宽慰。事实上，从 1879 年的最后几个月直至 1880 年 7 月，两兄弟都没有信件往来。文森特在恢复通信后的第一封信中痛苦地回忆道："也许你已经知道，我回到了博里纳日。爸爸让我在埃滕附近多待些日子；我拒绝了，我觉得现在这样做再好不过了；虽然并非出于我的本意，但我还是成了这个家里最古怪而不合群的一个。"现在看来，在写下这些字句的时候，他作为牧师的那一段生活就彻底结束了，文森特准备开始走上他的另一条道路，这个决定意义非凡——他要成为一位艺术家。

# 第二章

# 荷兰时期

　　凡·高从艺的这个决定显得非常突兀，除了在古皮尔公司的第一份工作和那期间他的兴趣外，至少最近使他饱受折磨的牧师工作就与此毫无关系。仍然像是一时兴起，因为在 1880 年，他做出这个选择时已经 27 岁了，很多人在这个年纪已经精通一门手艺了。而且，也不是所有人都能理解他。1883 年 12 月，当他已经特别坚定于艺术之路时，他给了提奥一个迟来的解释："那时候（在古皮尔工作时）我简直是在自虐，每天压力大到令人窒息，我为自己不是一个真正的画家而自责。当我被古皮尔开除后，我却没有全身心地投入艺术之中，反而全心全意地去做不相关的事（这是错上加错）；那时我觉得很气馁，没有画家会注意到不善言谈的我。"

　　文森特泄气地选择了去当一名传教士，并为此奉献了他那几年全部的热情和干劲。但古皮尔的工作经历在他的记忆里和心里都留下了痕迹，让他对艺术产生了热情，也提高了他的审美品位。在那个年代，几乎只有社会精英才有机会直接欣赏艺术作品，而巴黎的古皮尔公司通过印刷、销售名画的复制品，使昂贵的艺术作品能被更多普通人看到。凡·高在这家享有盛誉的公司供职时，经手过不计其数的作品图片，其中包括巴比松画派、博尔迪尼、米勒、梅索尼埃等一些画家的作品。长时间处在这样的氛围中，观赏艺术作品不仅成为一种职业习惯，更像是一种需求，就像他喜欢读书一样。在他从古皮尔海牙分公司到伦敦又到巴黎的调动中，他从没中断过参观当地博物馆。他在"转职"做艺术家之前写给提奥的信中，提到过很多绘画大师和他们的作品。例如在 1878 年 12 月 26 日，他刚到博里纳日做传教士时给提奥的信中就有写到。有意思的是，尽管当时的文森特全身心地在完成他的宗教使命，但他那双潜在的艺术家之眼仍然被现实世界刺激着："我想这也不用我说，博里纳日这里无画可看……虽说如此，但这个地方风景优美、特色鲜明，处处都像在诉说着什么，处处都很有意思。最近，圣诞节前这几天天气阴沉，大地被积雪覆盖，这一切让我想起了老彼得·勃鲁盖尔的中世纪画作，或是那些使用红绿、黑白等颜色创造出好看而特别的效果的作品。马蒂亚斯·马里斯和阿尔布雷希特·丢勒的'作品'也随处可见。破破烂烂的小道上蔓延着长满荆棘的灌木丛和扭曲的大树，那些不可思议的树根让人想到丢勒版画《骑士、死亡和魔鬼》里的小路。黄昏时分矿工们在皑皑白雪中回家，真的是一个奇异的景象。他们从矿井上来时，一个个都黑得彻头彻尾，像扫烟囱工似的。其实他们散布在小路旁、树林里和山坡上小小的容身之处，与其说是家，不如说是棚子。到处都可以看到长满青苔的屋顶，到了晚上，窗户里透出闪烁的光！"

种种迹象表明，凡·高的艺术情怀正在形成，一些年轻时（尤其在 1873 年到 1875 年，他还在伦敦古皮尔的那些年）的线描小稿可以证明他很早就开始尝试画画，最早的（例如《桥》和《牛奶杯》，这两幅画都收藏在奥特洛克勒勒－米勒博物馆）甚至可以追溯到 1862 年，他那时只有 9 岁。

《农妇在棚屋前劳动》
1885 年
芝加哥，艺术学院

古皮尔 19 世纪末在海牙的分公司

《女性画像》
模仿自荷尔拜因 | 库埃马 | 1880 年 10 月

《沃尔夫海泽的羊圈》
马蒂亚斯·马里斯 | 约 1860 年
海牙，市立博物馆

《拾穗者》
让－弗朗索瓦·米勒
1857 年
巴黎，奥赛博物馆

素描正是凡·高表达的窗口，他从这里再次启程，逐渐走向油画。1880年，当他做义务服务的时候，他想要画画，便急切地重新开始了，无须基督教权威的批准，没人付他工资，他就在博里纳日的矿工之中。"我胡乱涂画了一幅素描，画的是煤炭工人清晨在雪中走向矿井的场景，他们沿着有荆棘篱笆的小道前进，在黎明中依稀可见闪动的影子"，他在当年的8月20日写给提奥的信中还一并附上了这张草图。后来，在9月24日，他从库埃马寄信给弟弟时，已经有了投身艺术创作的想法。文森特回想起之前冬天的一段经历，说他那时裤兜里只装着十个法郎，走了七十里路到库里耶尔，都越过法国边境了，就为了看他最喜欢的画家之一朱尔斯·布勒东的工作室。回程的时候他"累得筋疲力尽，拖着磨破了的脚……花光了十法郎"，还需要不时地在各种地方小睡，"一次是在一个废弃的马车厢里……一次在一堆干柴上……还有一次……在草垛上"。他并没有因贫苦的条件而被失望击倒，事实上他一直有意地与其性格中的弱点抗衡，直到在命中注定的那一刻绝望自杀。把自己培养成一个艺术家的可能性，使得他跨越了这个巨大的难题，"我告诉自己，不管怎样，我都将东山再起，我将重新拿起我因灰心丧气而抛弃的画笔，我将重新投身画画。我觉得从那时起，对我来说一切都变了，我在进步，我的笔变得顺手些了，我似乎一天比一天更像艺术家了。"

从这一刻起，文森特满怀决心和毅力地踏上了艺术之路，尤其当他能够依赖提奥的经济帮助时，给予了他希望，使他的目标更加坚定了。1880年7月，提奥给文森特寄了第一笔生活费，并在此后的人生中不断为他提供帮助。1880年9月24日的信件为我们提供了有关凡·高学习阶段的珍贵信息："我刚收

《拾穗归来的妇人》
朱尔斯·布勒东 | 1859 年
巴黎，奥赛博物馆

到新的素描和蚀刻版画作品，其中最棒的是杜比尼的《小溪》和勒伊斯达尔的作品。棒极了！我想画两幅画，两种不同风格的墨稿，一幅仿这种蚀刻版画，另一幅用泰奥多尔·卢梭《荒原中的沼泽》那种风格"，文森特写道。这封信提到的艺术家中，杜比尼和卢梭都属于巴比松画派。巴比松画派是诞生于19世纪30年代中期的一个法国写实主义画派，其成员的作品是凡·高早期艺术创作的学习对象，直到生命的最后时刻他都很欣赏此类作品。这封信提到的另一位艺术家勒伊斯达尔，是17世纪荷兰艺术的黄金时代最能代表荷兰绘画之伟大的人物之一。凡·高对本土的前辈大师表现出了久久不息的崇拜，在他的书信中着重描述了他们的很多作品。尤其是对伦勃朗，凡·高始终保持

《篱笆后》
1884 年春
阿姆斯特丹，凡·高博物馆

《纺纱女》
让－弗朗索瓦·米勒 | 1876 年

《缝补的斯海弗宁恩妇女》
1881 年 12 月
阿姆斯特丹，P. & N. 德波尔基金会

左图
《无家可归》
埃德温·伯克曼
发表于 1876 年 12 月 30 日
的《伦敦新闻画报》

右图
《周日的农民》
休伯特·冯·赫科默爵士，
1875 年 10 月 9 日《图画》
中《民众》系列的一幅

《织毛衣的斯海弗宁恩妇女》
1881 年 12 月

着最大的敬意，他研习伦勃朗画作的方式是直接去阿姆斯特丹国家博物馆观摩，在 1885 年 10 月，国家博物馆新址刚刚落成时他就去了。

1880 年 9 月同一封信的再前面几行，他还写道："我一直在学习巴尔格的绘画教程，我觉得在开始其他事之前，得先把这件事做完，因为它能让我的手和思维每一天都有所长进。"这证实了凡·高是在一些基础材料的帮助下自学成才的，这些学习训练包括对各种作品的复制品进行分析、临摹；研习许多著名的初学者手册，如查尔斯·巴尔格的《绘画教程》和《炭笔练习》，卡尔·罗伯特的《绘画无师自通》；追根究底的话，还向《图画》《伦敦新闻画报》《哈珀周刊》等英国杂志刊载的插图学习。这些杂志插画对凡·高的影响不仅是在绘画的主题和表现手法方面，还影响到了他给自己的作品取的英文标题，其中最有名的莫过于 1882 年的《悲伤》。当然，也不能忽视他学习绘画的其他途径，凡·高也在信中明确提到过一些，如约翰·马歇尔的解剖作业和阿道夫·施蒂勒的地图册。作为一名画家，他并没有表现出对完美技术的追求，相较于让图像有"漂亮的风格"，他更在意绘画的功能性，更看重绘画表现情绪的能力。

# 同可怜的人们并肩作战

　　从另一个很有意思的段落中可以理解凡·高的艺术走向。在写于 1880 年 9 月 24 日的信中，文森特说："煤矿工人和纺织工人，他们仍旧是边缘群体，某些东西把他们与做其他工作的人和手工业者区分开来，我无比同情他们。我希望终有一天，我能用绘画的方式，让这些几乎陌生的群体也被世人了解。"

　　从这段话中，可以看到这位荷兰艺术家明确表达了他早期绘画所偏爱的主题，初出茅庐的他，在与贫苦矿工、纺织工人和农民在一起时的作品，大多数是被描绘得栩栩如生的人物画像。他再次提到 19 世纪法国现实主义流派作品的重要性，明确指出前辈大师们的作品对自己绘画的影响，尤其提及米勒（不仅是一位油画画家，还是一位特别伟大的素描画家）和布勒东的社会艺术，他们的主题因贴近大众而动人，带有一种温情的特质，联结着一些出身卑微，没有政治意图或者说很少有颠覆性的阶层。这些先辈的作品引起了文森特内心深处的宗教情感的共鸣，它们展现出了一致的对弱者、对人类和上帝的爱。"我们尝试着去读懂伟大艺术家和各种大师杰作中所包含的真理，"1880 年 7 月他写信给提奥说，"你能在那儿发现上帝。"总而言之，在更深层次上来说，艺术对凡·高而言不只是审美的需求，更像是基于一种道德的意图。在某种意义上说，继续维护出身

《熏鱼场》
1882 年 5 月
格罗宁根，格罗宁根博物馆

《有木工和洗
衣房的院子》
1882 年
奥特洛，克
勒勒－米勒
博物馆

《负重的搬运工》
布鲁塞尔 | 1881 年
奥特洛，克勒勒－米勒博物馆

卑微的群体是文森特献身于艺术的原因。也可能正是这个深刻的道德原因，把他的牧师志向和艺术家身份联系起来，为他两份截然不同职业的转换，提供了一个合理的解释。但除此之外，在他的艺术创作方式上，还有另外一个很重要的方面：文森特内心的感受和他的艺术表现是融为一体的。所以艺术作品几乎变成了他自身的一个延伸。其实文森特相信，当一个人完全置身于某事时，思想和行动，外在和内在，是不可能分开的。因此，就像在宗教工作中他没把理想与现实区分开来，在生活中也对福音书的教条循规蹈矩一样，在创作过程中，他也没有区分艺术和生活，无法将自己与绘画分开。"对我来说，书、现实和艺术之间没有区别"，1883 年 2 月他写道。同年夏天他又说：
"我想逃离自己原有的设计和绘画形式，不为满足于艺术领域中
某种特定的风格而画，只为表达一种诚恳的、世人皆有的感受。"
也可能是被他当作榜样的米勒这位法国画家的行事作风，引导
着他的生活和理想，激发了他的艺术灵感。米勒对凡·高来说
意义重大，或者说，至少不是一个理想化的形象。当凡·高的
艺术道路还在起步时，他就阅读了阿尔弗雷德·宋思尔写的《米

《播种者》
1882 年
阿姆斯特丹，P. & N. 德波尔基金会

《播种者》
让－弗朗索瓦·米勒 | 1850 年
波士顿，美术博物馆

《推着手推车的斯海弗宁恩妇女》
海牙 | 1883 年 5 月
奥特洛，克勒勒－米勒博物馆

勒传》，并有了非常深刻的印象。甚至在他画布上的签名，都像是写在书信中的一样，只是简单的"文森特"，这似乎在表明，绘画和书信都是私人的表达，是他与自己内心世界的交流。

在凡·高的成长道路上，除了向这些被他视为榜样的艺术家学习，大量的阅读无疑也是重要的。凡·高是一个有文化的人，一个狂热的读者。除了母语荷兰语，他还掌握了英语、法语和德语，这几种语言是他曾工作过的古皮尔国际艺术画廊明确要求掌握的。除了圣经，他会优先选择如左拉、卡莱尔、雨果、狄更斯这样的作家的作品（比如凡·高艺术成熟期六幅题为《阿尔勒妇女》的肖像作品其中一幅，就从狄更斯的《圣诞颂歌》

《晚祷》
让－弗朗索瓦·米勒｜1857—
1859 年
巴黎，奥赛博物馆

《焚枯者》
1883 年 7 月初

《驳船和装泥炭的两个身影》
德伦特省 | 1883 年 10 月

以及哈丽特·比彻·斯托的《汤姆叔叔的小屋》中汲取了灵感），他们都有崇高的“道德品质”，对世间穷人和出身卑微之人有极大的关心。在艺术表现上，他喜欢米勒和布勒东。

1880 年 10 月，在提奥的大力支持下，文森特注册了布鲁塞尔美术学院，他希望通过正规的教育来充实自己。这段时间他学习了解剖和透视（在 1882 年，他从丢勒的一幅画中得到灵感，做了一个透视框架）。凡·高选修了画家安东·凡·拉帕德的课，并在他的工作室学习了一段时间。然而他很快就受不了学院派的教育了，正如凡·拉帕德在不久之后的信中写的那样：“美术学院是一个情人，它会阻碍真爱，阻碍更加炽热、更加长久的爱，你已幡然醒悟了。对这位情人放手吧，不顾一切地去爱你真正的爱人：本能，或真实。"

不久后，凡·高离开了布鲁塞尔，继续自学画画。1881年4月，他接受了父母的建议，回到埃滕的家里安顿下来。在家的日子里他并没有停止画画，尤其是室外写生，他描绘农民在田间劳作，并忠诚于他的艺术道德和他敬爱的法国榜样。不幸的是他热烈的爱情没有得到表姐柯尔的回应，这个故事之前提到过，最终给文森特在家的日子留下了一个戏剧性的结尾，还带来了家庭纠纷。事情最后，文森特非常粗鲁的行为使事情变得更糟糕。有一天晚上，为了向心上人证明他的爱有多深，他竟然用蜡烛的火苗烧伤了一只手，幸亏受伤的是左手。

紧接着被激怒的父亲与他大吵了一架，因为他觉得凡·高不可能再走上正轨了。1881年的平安夜，他被父亲赶出了家门。此后，凡·高搬到了海牙，在那里跟随著名画家安东·莫夫学习。早在凡·高再次回到荷兰之前，他就联系过这位老师，也是他的远房亲戚——表妹夫。这位杰出的大师是海牙画派最主要的代表艺术家之一，他与约翰内斯·博斯博姆、马里斯兄弟以及约瑟夫·伊斯拉尔斯，构成了19世纪下半叶最能代表荷兰的艺术家团体。他们的绘画风格特征是，试图将法国巴比松画派中的现实主义与荷兰17世纪伟大的传统现实主义结合在一起。海牙画派的作品在技法与构图上跟巴比松画派的风景画有所不同，同时继承荷兰黄金时代风景画的和谐与优雅，其中雅各布·范·勒伊斯达尔是影响最大的。

由于同莫夫的友情，凡·高的艺术之路有了进一步的发展，在他的指导下，1881年底凡·高终于能够进行绘画创作了，他最早的两幅油画，分别叫作《静物：木鞋、卷心菜和土豆》（奥特洛，克勒勒–米勒博物馆）、《啤酒壶和水果》（伍珀塔尔，冯

《自画像》
安东·莫夫 | 约1884年
海牙，市立博物馆

《绝望》
1881 年夏
阿姆斯特丹，P. & N. 德波尔
基金会

《在永恒之门》
1882 年秋
阿姆斯特丹，凡·高博物馆

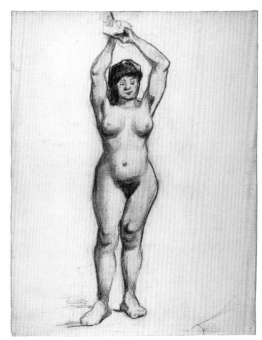

《站着的裸女》
1886 年
阿姆斯特丹，凡·高博物馆

《垃圾场》
寄给提奥的信中的草图
约 1883 年 6 月 10 日
阿姆斯特丹，凡·高博物馆

《静物：草帽》
1885 年 9 月
奥特洛，克勒勒－米勒博物馆

《静物：木鞋、卷心菜和土豆》
1881 年 12 月
奥特洛，克勒勒－米勒博物馆

《静物：五个瓶子》
1884 年 11 月
维也纳，马厩堡新美术画廊

德海伊特博物馆）。在他画家生涯的初期，凡·高的用笔还是非
常谨慎的，素描对他来说仍旧是极为重要的练习，"我希望你能
明白，我把注意力集中在素描上有两个原因"，1882 年 7 月他
又写信给提奥，"首先，我想在素描方面多加练习；其次是因为
油画和水彩画要花钱的地方太多了"。从这个重要的信息中，能
确定他艺术作品的组成，他从事艺术职业的时间里大约有 1600
张素描（除了 133 张在信稿上的草稿）。就算画油画变成每天都
要干的事，并且已经能够很容易地掌控画刷时，凡·高都从没
停止过画素描，还会采用不同的技术，他尤其擅长用钢笔画，
他认为这也是艺术表达的一种形式，和油画一样有力。在他最
早的画作中，凡·高主要描绘风景，海洋和城郊地区占多数，
正如海牙画派传统的主题一样。在练习中这个流派的影响有限，
但在主题选择上比其他的影响大：在文森特的作品中不存在精
雕细琢，而对细节的关注，最终形成理想化的画面，是荷兰画

家群的特点。事实上，凡·高无法忍受莫夫和他的伙伴们对形式的关注，对细节的孜孜以求。自从他开始画画以来，他对画面的定位是强烈而不是漂亮，以真挚的感情赋予生机，而不是画面本身的高雅。在他的画面中，重要的是"感人的力量"，熟练的技术并没那么重要。

因此，如果说他的绘画主题与海牙画派画家们描绘的通常一致，那么他情感上的依附在现实中的表现，是同勒伊斯达尔思想丰富的油画和更普遍的 17 世纪末的风景画家一样，对自然流露出同样崇敬的想法，而不是冷静宏伟。凡·高的绘画模式是完全置身于所表现的主题，将他的情感注入画中，然后艺术家就等待最后在观众面前回放他是怎么表现了它们。

凡·高与海牙画派关系的不确定性，大家可以从他在 1885 年 4 月给兄弟的一封信中充分了解到。文森特写道："上个礼拜我去一个熟人家，那里有一个很好的现实主义工作室，我看到一位老妇人的肖像，是海牙画派直接或间接学生的作品，但在构思和颜色上有些犹豫，精神有些贫瘠……而且这种现象有蔓延的危险。如果真的从字面上的意思去理解现实主义，即精细的设计和真我的色彩。可还有其他的啊。"凡·高在另一封 1885 年 11 月 15—20 日从纽南写给提奥的信中写道，"四年以来，我总是一个人工作，我觉得自己尽管想要并且能够从别人那里学习，甚至用一些技术作为噱头，但我还是用我的眼睛看，并以一种最原始的方式再现我所看到的。"

另外，他把自己同莫夫的会面告诉了弟弟，1881 年 12 月 21 日凡·高写道："当莫夫看到我的作品时，他立刻告诉我：太接近模特本身了。"莫夫给出的建议与绘画的意义本身是对立的，文森特不可能认同这样一个准则，并对此提出了异议，这

《耕地的人》
1884 年 8—9 月
伍珀塔尔，冯德海伊特博物馆

《秋天晚上的景色》
1885 年 10—11 月
乌得勒支，中央博物馆

《森林里的女孩》
1882 年 8 月
奥特洛，克勒勒 – 米
勒博物馆

《马车广场》
1882 年 8 月
温特图尔，弗洛拉别墅

《斯海弗宁恩的暴风雨》
1882 年 8 月
阿姆斯特丹，凡·高博物馆

导致不久后两人的关系彻底破裂。两位艺术家在观念上出现了分歧，凡·高于 1882 年 4 月末写给提奥的另一封信证实了这一点："我说'我是一个艺术家'，这话让莫夫不高兴了，但我并不打算收回这话，因为它附带的意思是：'我会永远找这世间根本不存在的东西。'准确来说，与之相反的就是'其实我知道，我已经找到了'。而对我来说，其实最终想表达的是：'我在找寻，我在斗争，并在其中全力以赴。'"

# 的关系

# 『不体面』

　　在海牙期间，凡·高的艺术创作并没有受到太大的影响，但在私生活方面，又出现了重要事件。1882年1月，克雷西娜·玛丽亚·胡尔尼克，也就是西恩，走进了他的生活，她是一个年长于他的妓女，常年沉溺于酒精，那时她怀着孕，并且已经是一个孩子的母亲了。凡·高一向是我行我素，不理会旁人说什么的。惯于帮助他人的文森特，接纳了她和她的孩子，视她为伙伴、模特。例如他最著名的画作之一，前文提到过的《悲伤》，那个痛苦的形象、衰萎的身体，正属西恩。"她的脸上有些许天花留下的疤痕，所以并不是特别美，但她的身体线条简单干净，不失雅致。"文森特在1882年5月的信中向提奥这样描述她。"我喜欢上她并不是因为她对我卖弄风情，而是因为她举止静雅，知道节俭，知道如何随机应变地去学习，她会想尽办法帮助我工作……可她言辞不得体……但这一点我并不在意。比起在谈话间卖弄风雅却无真情实感的言辞，我更喜欢讲粗话，这很棒。"凡·高甚至决定要娶她，这使得他的父母无法理解，激起了他们的强烈反对，他一如既往地向提奥寻求帮助："我不会再询问他们的看法了，我已经是个成年人了，我问你，我是否可以自由地结婚？可以还是不可以？……谁有权利这么干，试图逼迫我就范？让那些阻碍我的人见鬼去吧！"当月，他就

《坐在炉边抽烟的西恩》
1882 年
奥特洛，克勒勒－米勒博物馆

写了另一封信给提奥，信中他强调："现在，提奥，我认为我在
做的事是在'帮助西恩'，而不是让我们的家庭蒙羞。我希望
我的家庭能接受她，而不是搬弄是非。否则，我们会变成敌人，
现在轮到我说了：'我不会因为其他人的想法而抛弃这个女人，
这是维系相互帮助、相互尊重的纽带。'"因此，1883 年 6 月凡·高
说："比如说爸爸，他当时和我说：'这段和一个地位卑贱女人的
关系是不道德的。'（在我看来这是错误的，我认为这和社会地
位、道德水平毫无关联：社会地位和这个世界有关，道德和上

《做女红的西恩和孩子》
1883 年
阿姆斯特丹，凡·高博物馆

《削土豆皮的西恩》
1883 年 3 月
海牙，市立博物馆

《怀抱孩子的西恩》
1883 年春
阿姆斯特丹，凡·高博物馆

帝有关。）他还说，'不要因为一个女人而糟蹋了你的社会地位'，
我不觉得这么说一个活生生的人很得体。"

　　无论如何，随着时间流逝，西恩的孩子出生了，经济压力
也逐渐变大，因为凡·高的作品卖不出去，他唯一的收入，是
提奥给他们的生活费。尽管仍然一贫如洗，但凡·高并没有放
弃寄希望于自己的艺术，没有终止创作。直到 1883 年，家庭的
重担变得难以负担。提奥，这个唯一没有放弃他的人，说服哥
哥为专心于艺术而与西恩分手了。

　　凡·高在荷兰北部的德伦特省开始了他苦涩的独居生活。
1883 年 12 月，文森特重新回到了父母家，他们当时住在布拉

《悲伤》
1882 年 11 月
阿姆斯特丹，凡·高博物馆

《织布工》
1884 年 3 月
波士顿，美术博物馆

《织布工》
纽南 | 1883 年 12 月—1884 年 8 月
阿姆斯特丹，凡·高博物馆

班特北部的纽南。但他并不奢求被信任。他开始体会到在社会上不被理解、被孤立、被排挤的感觉："（爸爸和妈妈）他们恐惧于接我回家这件事，他们对待我如一条丧家之犬。"在他到达纽南的当月，他忧郁地写道："也许他们想用潮湿的脏手把我赶出这栋房子，这很粗鲁。一切都让我恶心。我用力地大喊，简单来说，就像一只小畜生。但是这个畜生有着人的故事，或者只是这只狗有了人的灵魂，而且他很感性，能够知晓这些人都在怎么想他，这是普通的狗做不到的。我，承认自己就是那样的一只狗，我就待在狗的身体里吧。"他在父母家待了两年，其间文森特的大脑一直被疯狂的念头占据，他画了百来幅有色画和素描，甚至上绘画课，练钢琴，阅读大量的书籍。这是一组大数量的绘画作品，以农民和纺织工人为主题，他一直与之并肩作战的劳动阶层是他惯用的绘画模特——他所喜爱的文学大师也曾描绘过他们。最早是《挖土豆的人》（私人收藏于纽约），

《纺车前的妇女》
1884 年 6 月初

《纽南的小教堂》
1884 年 1 月
阿姆斯特丹，凡·高博物馆

纽南的教堂

《种土豆的农民》
纽南 | 1884 年 8—9 月
奥特洛，克勒勒 - 米勒博物馆

《农妇的头像》
1885 年
阿姆斯特丹，凡·高博物馆

《年轻农民的头像》
1885 年
阿姆斯特丹，凡·高博物馆

《吃土豆的人》
画在信纸上的草稿
1885 年
阿姆斯特丹，凡·高博物馆

《农民肖像》
画在信纸上的草稿
1885 年
阿姆斯特丹，凡·高博物馆

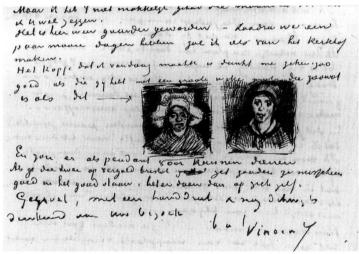

那是 1883 年他还在海牙时的作品，对人物和他们工作的描绘，在凡·高早期的作品中成为永恒：画面重心落在了造型和场景的表现力上，善用深色，多用阴郁、沥青般的色彩。这个时期的代表作是《吃土豆的人》（阿姆斯特丹，凡·高博物馆），作于 1885 年 4 月到 5 月，描绘了一个非常简单的农民家庭生活场景。这是他到那时为止最雄心勃勃的作品。

《小木屋》
1885 年
阿姆斯特丹，凡·高博物馆


左页图
《农妇头像》
1885 年 3 月
伯尔尼，艺术博物馆

他异乎寻常地以农民的思维创作了一系列的绘画草图，有内景、局部、创作草稿，他用与惯例不同的方式把他们表现出来。

凡·高艺术生涯第一阶段的色彩和题材，充分显示出他已然饱满的热情。这些年里，凡·高的绘画色调还是一如往常，用了荷兰绘画经典的褐色，而对底层人民的关注则源自之前提到过的两位情感丰富的法国现实主义大师米勒和布勒东。事实上，文森特自学绘画，也因此被局限在同时代艺术创作的一个侧面，再加上对当时尤其是在巴黎所发生的新奇事件与重大新闻缺少关注，所以在他第一个具有创造力时期的作品中，并没有理会当时盛行的先锋艺术，即印象派绘画。他仅从他弟弟提奥那儿得到对印象派的一知半解，那封信正是来自法国首都他所工作的古皮尔。提奥同时也指出，凡·高的绘画色调过于暗沉，规劝他使画面浅淡一些。从此，凡·高对颜色大感兴趣起来，几年之后，这个探索方向上升至了顶点。在阿尔勒时期，凡·高对艺术家德拉克洛瓦极为欣赏，他陶醉于那些浓郁、明快的颜色，并最终采用了那些法国艺术家的表现手法。这个结果，也是凡·高有机会阅读查尔斯·布莱克的《绘画规则》的缘故，作者同为德拉克洛瓦的推崇者，因此他也熟知了绘画中对比与调和的把戏。

通过结合互补色，并将深浅不同的纯色同系相配，德拉克洛瓦获得了色彩的"混合光"和"震动"，增加了它的效果和强度。文森特始终认为这很重要，他多次明确表示内心忠诚于这位伟大的"色彩大师"。

1885年11月末，在经历过同年3月父亲的突然离世，以及令一名给他做过模特的年轻农家女子怀孕的诽谤后，文森特

**《吃土豆的人》**
1885 年 4 月 | 石版画
海牙，市立博物馆

搬到了安特卫普，并恢复了与官方艺术圈的接触。他就读当地的高等美术学院，参观博物馆，并被鲁本斯的作品所吸引。他有意地在学习上较劲，在学校上一些有难度的课程，但他显然被这种中规中矩的生活阻拦了，他考试成绩很差。但他永远不会知道，因为此时冲动性格的波动，他去了对一个艺术家来说，唯一一个值得生活和工作的城市——巴黎。

《吃土豆的人》
1885 年 | 局部和整体
奥特洛，克勒勒 – 米勒博物馆

《在海牙附近的沙丘风景画》
1883 年 8 月
阿姆斯特丹，凡·高博物馆

《阿姆斯特丹的港口》
1885 年 10 月
阿姆斯特丹，凡·高博物馆

下页图
《在雨中》
1882 年
海牙，市立博物馆

《在斯海弗宁恩的沙滩上》
1882 年 9 月

《安特卫普的景色》
1885 年
阿姆斯特丹，凡·高博物馆

第三章

# 巴黎：印象派的大都会

# 艺术之都

"未来几年的所有事，都将取决于我进城后的一些往来关系，从这里到安特卫普，或再晚点到巴黎。"文森特在1886年1月从弗拉芒写信给提奥，他刚刚在那儿注册了美术学院，想要坚持他的艺术之路。那句"再晚点到巴黎"，实际上是马上，一个月之后他突然决定起身去法国首都。在那里，他弟弟是蒙马特大道19号布索特&法拉东画廊一个分支部门的负责人，它的前身是古皮尔，从1879年10月开始，这家公司长期聘用了他。

"我得再多赚点钱，或者多交点朋友，最好是两者兼得。这是成功的路子"，在同一封信中他补充到。他又一次地满怀热情，想要在艺术界里闯出名堂。甚至决定抛弃他叛逆的性格和害羞，温顺地向通往成功之路的法则低头。但到了那个时候，为什么不把所有的路子都试遍，然后选择最好的呢？而在当时，对一个有抱负的艺术家来说，巴黎无疑是最好的选择，这座城市在当时是世界的中心，对于那些知道如何抓住一闪而逝的机会和灵感的人，这是一个跳板，是技术和艺术探索的源泉。巴黎是未来的大都会，不久前诞生了摄影，之后又出现了电影；是印象主义的摇篮，它开创了一种新型的绘画方式。一座不可思议的庞大铁建筑——埃菲尔铁塔，正在拔地而起，它将很快打乱旧的城市景观。这里是各类文化和上流社交界的目的地，世界

第 82 页
《红磨坊》
1886 年秋 | 局部
柏林国家博物馆，国家美术馆

《世界博览会，从特罗卡德罗公园看修建中的埃菲尔铁塔现状》
M. 热拉尔丹 | 1888 年

博览会、沙龙（官方的那种，也包括近期的独立画展）、有声望的展览在先锋画廊和艺术文学咖啡馆举办，最终它以其著名的夜生活场所成为娱乐之都，其中最出名的是红磨坊，在凡·高到后的第三年开业。

　　文森特在 1886 年 2 月 28 日抵达巴黎，提奥直到最后一刻，都不知道他来了，当他收到哥哥的一张便条说在卢浮宫见面，这才把文森特带到了他的办公室。提奥让他住在家里，先是在皮嘉尔附近的拉瓦尔街（现在是维克多 – 马赛街），然后从 6 月开始在蒙马特勒皮克街 54 号一个更大的公寓里。

　　兄弟俩被巨大的希望鼓舞，开始共同生活。理论上来说，这似乎有很多好处：文森特不再觉得不安，也不再焦急地等待提奥的每月津贴，共同管理支出能减少两人任何可能的浪费和花销。而且提奥的人脉与他在巴黎艺术环境中的游走，无疑对凡·高艺术职业的发展有所助益。然而在两年后，试验明显失

右页图
红磨坊照片，拍摄于 1900 年左右

《在阿涅勒阿根森公园的情
　侣们》
1887 年 6—7 月
阿姆斯特丹，凡·高博物馆

《蒙马特的菜园》
1887 年 6—7 月
阿姆斯特丹，凡·高博物馆

《蒙马特山丘上的菜园》
1887 年 6—7 月
阿姆斯特丹，市立博物馆

《克里希大道》
1887 年 2—3 月
阿姆斯特丹，凡·高博物馆

《克里希大道》
1887 年 2—3 月 | 局部
阿姆斯特丹，凡·高博物馆

败了，错在凡·高的怪脾气与他完全不善经营的人际关系，包括他亲爱的弟弟，"他身体里就像有两个人一样，"提奥貌似很沮丧，"一个有天赋有才华，出众且亲切，另一个自私又狠心。"不幸的是，正是因为兄弟俩这两年住在一起，显然不用写信，相比起他们规律通信，建立有关文森特重要信息资源的时期，缺少在这段时间相关事件的复原资料。

从 1886 年 2 月至 1888 年 2 月，凡·高一直在巴黎，这是他艺术的决定性时期，这是当代绘画中激烈的技法试验和最创新潮流针锋相对的时刻。从作品完成数量上来说，这两年也卓有成效，230 幅画，比他艺术职业生涯中的任何一个阶段都多，这是一组参差不齐的作品，其中纳入和混合了各种风格和技巧，在表达方式的找寻中，他显露出自我风格的一次改良。

当凡·高来到法国首都，他看到了当时城市艺术圈中的混合"趋势"。19 世纪后期，巴黎发生的各种各样的事件使得艺术文化生活特别丰富，在一连串紧凑的故事中，也出现了一些非常重要的大事。

从意义非凡的 1886 年开始说起吧！印象派画家在这一年于拉菲特街举办了他们的最后一场展览。19 世纪下半叶，印象派在具象艺术领域中是最独特的存在。印象派画家彻底颠覆了传统的绘画方式，他们抛弃了学院派的主题和技术，把感受作为表现的中心，"外光主义"会采用一些基本元素再现日常生活中的主题，画面带有清晰而明亮的色调，通过一种崭新的技法描绘画面。这就要提到使用小笔触去画纯色，这种方式要求观众的眼睛同画之间保持着适当的距离，图像才能成形，而不是直接盯着画布的表面。

随着印象派的成功，其首展于 1874 年在摄影师纳达尔的工

右页图
《艺术品经销商亚历山大·里德的肖像》
1887 年春
格拉斯哥，艺术画廊及博物馆

第 94—95 页
《红磨坊》
1886 年秋
柏林国家博物馆，国家美术馆

作室巴黎嘉布遣大道 35 号举行。绘画方式发生了本质上的改变，印象派的发现成为任何一个想要学习绘画者的重要参考点。另外，1886 年的展览也说明了另一个非常重要的事实：从参与角度来说，这是印象派在展览界的第一次联展，修拉（展出了《大碗岛的星期日下午》）和西涅克在 19 世纪的最后几十年脱颖而出，成为新印象派的领军人物，这标志着印象派"历史"的进一步发展，他们在技法方面带来了极大的影响。在赋予新流派的各种名称中，正是"点彩派"明确表示了新印象主义画家如何作画：他们用"点状"的小笔触，使并列的纯色填满画布。然而修拉和西涅克在 19 世纪末巴黎艺术圈很重要，还有另外一个原因，那就是 1884 年，他们创立了独立沙龙，它与官方沙龙相对立，是展示新的绘画趋势的窗口。

还要在 1886 年上停一停，要记得正是那年莫雷亚斯发表了《象征主义宣言》，在《费加罗》报的专栏中发表了定义新流派的诗歌，"在艺术中，当下的潮流来自精神创造者"。他断言到，现实主义和自然主义自 19 世纪中期起，就反映出对文学和视觉艺术的垄断，在小说中成就最伟大的是福楼拜和左拉，在绘画中是库尔贝和米勒，然后是混合着印象主义的"现实主义"，象征主义终将在法国文化圈产生影响，成为世纪末的主导潮流之一。相对于自然主义美学，象征主义艺术家用超越客观存在的方式来表现现实生活，呈现出对神秘、未知、卓越事物的视觉表演。"是教育的敌人，言语的敌人，客观描述的敌人。象征主义艺术家的诗歌，想穿上感性样式的外衣，不过它不应该成为自我的终结者，而是将自我延伸，为想法服务，这样它才能完整"，这也是莫雷亚斯所说的。象征主义，存于文学，也存于绘画，因此它貌似被赋予了又实际又理想的特点。皮维·德·夏凡纳、

《从蒙马特看巴黎景色》
1886 年夏
巴塞尔，艺术博物馆

《大碗岛的星期日下午》
乔治·修拉 | 1884—1886 年
芝加哥，艺术学院

古斯塔夫·莫罗——可爱的"莎乐美画家"，于斯曼的小说《逆天》（1884）的主角喜爱他，这是这个时期具有决定性的小说，还有奥迪隆·雷东，这些象征主义绘画先锋的作品完整地见证了这一点。在这些先驱的画中，象征主义艺术的智慧与精神通过文学、哲学、神话、梦幻主题而再现，画布上表达为具有强烈隐喻的图案，这些别出心裁、天马行空的转换极具启发性。在此技法的基础上去发展，就会是我们之后看到的高更的"综合"象征主义和纳比派绘画。

除了迄今为止提到过的大都会盛事，最后值得一提的是另外两件发生于1886年的事。第一件有关之前提到过的埃菲尔铁塔的建造，在当年建造了地基，为了在1889年的世界博览会和法国大革命100周年时举行落成仪式。这座闻名于世的塔，是一座超越那个时代的建筑，它所采用的独特建造方式尽可能地应用了新发明的技术。重要的是，设计这座塔的其实不是一个建筑师，而是个工程师，古斯塔夫·埃菲尔，它全部由标志着现代建筑转折的材料之一的铁建成，并以精密计算为基础。

第二件事情是在1885年至1886年冬，年轻的西格蒙德·弗洛伊德于法国首都跟着著名的神经学家让－马丁·沙尔科上课，他是萨伯特慈善医院的院长。正是弗洛伊德在巴黎的短暂停留，对他知识理论的系统化起到了决定性作用，这位精神分析学之父，很快就彻底改变了大脑运行和人类行为方面的传统知识，这对20世纪未来艺术的发展具有重要意义。

不谈1886年，仍有许多重要的事件有助于19世纪末在巴黎艺术界产出一些不简单的作品，凡·高也参与其中。在这之中，首先想到的是日本版画的走红，稍后我们将详细解读，在19世纪末，它在前卫艺术圈获得了巨大的成功，凡·高的绘画

作品也深受影响。另外一个重要的现象是摄影的出现，1839 年由达盖尔在巴黎发明，并在世纪末得到很大的改进。这项新发明，无疑开创了一种观察现实的新方法，艺术家们也不得不接受，电影也是如此，卢米埃尔兄弟在世纪末的新发现从根本上改变了图像的世界。

《日本音乐厅》
亨利·德·图卢兹 - 劳特累克 | 1893 年 | 海报

这些基本上也是个体艺术家的经历，如塞尚，独自发展了他个人化的语言，在 20 世纪早期的绘画先驱中，他有绝对的重要性，又或者图卢兹－劳特累克，他是个"冠军"，尤其在版画方面抵达了新颖和权威的最高点。我们可不能因为艺术家们在旁研究一些新想法，而忘了学院派艺术在 19 世纪末巴黎也有一席之地。事实上，官方艺术，被定义为保守派，与新事物敌对，在世纪末的艺术流派中相对先锋艺术扮演着次要的角色。其实沙龙一直是出类拔萃作品的官方展览地，保留着那个时代最重要的艺术和社交活动。沙龙实际上带动着周边学院派画家所有的活动，所谓的"华丽艺术"画家，包括博纳、科尔蒙、杰罗姆、卡巴内尔、布格罗、梅索尼埃等。1881 年成立的法国艺术家沙龙，是官方艺术成功的标杆，是世间美好的聚集地。

　　当然，学院派画家被迫意识到，印象派的出现是如此重要。但新流派带给这些艺术家的影响仅仅是表面的，都在外部。这

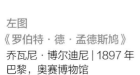

左图
《罗伯特·德·孟德斯鸠》
乔瓦尼·博尔迪尼 | 1897 年
巴黎，奥赛博物馆

右图
《沐浴者》
威廉·阿道夫·布格罗
1884 年
芝加哥，艺术学院

是"阶级"对新潮流一个简单的让步，揭示这些画家的伟大"职业（为赚钱而做）"，比什么都重要。这下就显而易见了，大量"时髦"的作品一如既往地紧握着资产阶级观众，同时，带着他们当下的主题，和假惺惺的当代"面容"，向大量的观众表达这些年来"真正的"现代绘画。这样的画家，有巴斯蒂安－勒帕热（1884 年去世），之后其他幸运的画家还有埃勒、乔治·博蒂尼，或乔瓦尼·博尔迪尼，一位住在巴黎的意大利艺术家，是矫饰主义的肖像画家，其作品不失当代资产阶级的优雅和精致。

在 19 世纪末的巴黎艺术圈，新艺术运动这个可以一带而过

《布道后的幻象》
保罗·高更 | 1888 年
爱丁堡，苏格兰国家美术馆

《作品 217：费利克斯·费农的肖像与有节奏的背景装饰背道而驰，背景包括笔触、角度、色调、色彩》
保罗·西涅克 | 1890 年 | 纽约现代艺术博物馆 | 布面油画 73.5cm×92.5cm | 这是戴维·洛克菲勒夫妇为数不多的礼物；ACC 号：85.1991

的题外话，填充了最后的十年，尽管这个新风格是从凡·高去世的 1890 年才开始兴起，然后迅速发展，直到第一次世界大战爆发（所谓的美好时代）。除了视觉领域，新艺术运动特别流行于建筑、室内装饰和应用艺术领域。实现艺术与工业之间的跨越是这个风格最重要的成果之一，在这之中穆夏、吉马尔、加莱、拉利克是较著名的。此风格迅速蔓延至整个欧洲。新艺术风格在法国的发展方向是变形的"花卉"，从动物、自然或千奇百怪的形状中得到灵感，以突出弯曲的抽象线性艺术作为基础。

《缪斯》
莫里斯·丹尼斯 | 1893 年
巴黎，奥赛博物馆

《施洗约翰的头在显灵》
古斯塔夫·莫罗 | 约 1876 年
巴黎，莫罗博物馆

《托斯卡》
阿方斯·穆夏 | 由维克托里安·萨尔杜执导、
莎拉·伯恩哈特出演的歌剧的海报 | 1899 年

# 改变

当凡·高抵达巴黎后，正如前文所说，他隐约意识到印象派绘画的新颖性，但他对法国艺术的了解和钦佩最多停留在现实主义，他像之前一般无条件地热爱米勒感性的民众主义绘画。但现在，当他感受到光之城的文化生活时，随之而来的是与前卫潮流的接触，这开启了他艺术成长中极为重要的一个过程。刚开始凡·高在一个极负盛名的学院派画家工作室里学习了一段时间，这位画家就是我们之前提到过的费尔南德·科尔蒙。这一阶段值得注意，并不是因为文森特跟着这位著名的大师学习，而是因为我们有目共睹的一个细节：他对传统意义上精细的技术无动于衷，但他在科尔蒙工作室中结交了一些有趣的人，当时的劳特累克、路易斯·安克坦，尤其是年仅 18 岁的埃米尔·伯纳德，成了他亲密而忠诚的伙伴。在巴黎的两年中，得益于他弟弟提奥，文森特与印象派绘画艺术家和新印象派艺术家有了决定性的会面，使这位荷兰画家认识了一些最知名的人物：莫奈，毕沙罗（文森特与他和他儿子卢西安建立了友谊），阿尔弗雷德·西斯莱，皮埃尔 - 奥古斯特·雷诺阿，以及新兴画家保罗·西涅克（和他同为"外光主义"者）和乔治·修拉。

凡·高调色板上的色彩变得越发明亮，作品主题也日渐丰富，现在会接受一些典型的印象主义题材，把当代生活在公共

《夏末的干草堆》
克劳德·莫奈 | 1890—1891 年
芝加哥，艺术学院

《青蛙塘》
皮埃尔－奥古斯特·雷诺阿
1869 年
斯德哥尔摩，瑞典国家博物馆

《青蛙塘》
克劳德·莫奈 | 1869 年
纽约，大都会艺术博物馆

场合或城外光线充足氛围下的瞬间留在画布之上。从一系列静物花卉（包括第一幅以向日葵为主题的静物画）作品中与 1887 年的景观作品中，可以看出文森特从依然留存在巴黎早期创作中的荷兰时期的现实主义，向印象主义与新印象主义靠拢，尽管并不彻底而且处于被动。比如在《阿涅勒的桥》（苏黎世，布尔勒收藏展览馆）中，作品里的环境，就是印象派画家的指定

《静物：葡萄、苹果、柠檬和梨》
1887 年秋
芝加哥，艺术学院

《静物：盘子里的柠檬》
1887 年 3—4 月
阿姆斯特丹，凡·高博物馆

《花瓶》
阿道夫·蒙蒂切利 | 约 1875 年
阿姆斯特丹，凡·高博物馆

《唐菖蒲与花瓶》
1886 年夏末
阿姆斯特丹，凡·高博物馆

《有百日草等花卉的花瓶》
1886 年夏
渥太华，加拿大国家美术馆

地点之一，它和布吉瓦尔、沙图与阿让特伊一样，也位于塞纳河畔。就像印象派画家一样，凡·高通常与伯纳德、西涅克结伴去河岸边，完成"外光主义"的作品。

在室外作画时凡·高进一步加深了对色彩的认知，"通过描绘阿涅勒，我看到了比之前更多的颜色。"他写道。在这段时间凡·高在色彩研究上狠下功夫：他开始自主地理解、运用色彩，而不是像最严格的现实主义时期，仅把它用于描绘绘画对象。以印象派画家为榜样，他作品的颜色变得更加鲜明亮丽，这正好为接下来构成他作品特点的黄蓝爆炸、激烈且对立的色调铺

《一家餐厅的内部》
1887 年 6—7 月
奥特洛，克勒勒－米勒博物馆

《美人鱼餐厅》
1887 年夏
巴黎，奥赛博物馆

《阿涅勒的桥》
1887 年夏
苏黎世，布尔勒收藏展览馆

平了道路。

文森特在印象派和点彩派学习到的主题与技法，可以在巴黎时期一些颇有意义的画中得到证实：一些城市风景画，如《克里希大道》（阿姆斯特丹，凡·高博物馆，见第89—91页）、《美人鱼餐厅》（巴黎，奥赛博物馆），大量的自画像（其中最有名的是《画架前的自画像》，目前在阿姆斯特丹，见第214页），或画布上的《一家餐厅的内部》（目前藏于奥特洛克勒勒－米勒博物馆）。

与以前相比，这是一个惊人的飞跃，有力地证明了他的智慧、才华、意志和坚韧不拔。改变是一点点发生的，缓慢但平稳，准确而有力的笔触逐渐变轻，色调转换成印象派的清晰明亮。然而印象派的榜样画家，并不是唯一向他指明进入这条新道路的画家。值得注意的是，在文森特的艺术发展中，最初模仿过一位在今天大众也不熟悉的画家，但凡·高对他非常钦佩，他就是来自马赛的阿道夫·蒙蒂切利。这位艺术家在凡·高到巴黎不久后就去世了，凡·高兄弟俩极为欣赏那些丰富多彩的静物画，以至于提奥利用职务之便囤积了一些作为私人收藏。正是通过大量临摹和学习蒙蒂切利的作品，文森特才开始在色彩上开窍，然后与印象派画家往来并向他们学习，才决定了他最终的转变——多用亮色，采用其他重要权威人士一致认为的印象主义的基本原则：在"外光主义"的实际绘画中使纯色和不同的调子，用互补色和分散的小笔触捕捉物体在变化和振动的光线下的印象。凡·高在绘画上使用印象派和点彩派笔法的高峰期就是在巴黎那段时间。而且文森特绝不会屈服于修拉和西涅克所鼓吹的正统，他们致力于在画布上表现出的颜色要通过棱柱分解，服从近期在光学领域上发现的规律和已知的操作方法。而文森特始终有自己的一套，他带着对未来艺术浓厚的先天感知力，运用那些从印象派和新印象派大师那里学到的经验。

这位生活在巴黎的荷兰画家，心中仍带着对米勒和现实主义绘画的崇拜，在前卫绘画作品最受欢迎时描绘并学习了那些作品，那可是一场真正的革命啊。而且，正如强调过的一样，这不仅是技术上的，也是精神上的。这改变了文森特之前对自己和他在当代艺术圈中的角色的看法，现在他感觉自己也是前卫实验的一部分了，也许正是有了这种新的意识，他开始向往"南方画室"，那里可以集合像他一样的艺术家，能够在绘画和激发人性上表达一些新的东西，在他看来，艺术和他从未放弃的福音派新教会理想和民众主义理想，都是一致的。

# 发现日本

　　凡·高与印象派画家的共同点是对日本"浮世绘"版画发自肺腑的爱，这促进了凡·高与印象派画家的交流，"浮世绘"这个词直译过来是"飘摇的世界"。浮世绘起源于17世纪初的日本，19世纪上半叶随着葛饰北斋、喜多川歌麿、歌川广重等艺术家的出现直抵顶峰。这些版画当时非常流行，印象派画家和其他艺术家都喜爱并欣赏它们大面积平涂的生动色彩、清晰明确的手法、不同寻常的画面构图、全新的空间组织，把所有的元素都以一种与西方学院派艺术典型的模仿原则格格不入的表现方式融合在一起。文森特到巴黎时，日本版画正是莫奈及其同伴一直以来崇拜的对象。"日式"——不是1876年由法国记者菲利普·布尔蒂偶然创造的——这个概念越发成功，它发展得最好的时候是在1880年至1890年这十年和世纪末，当它从巴黎文化艺术圈传播到全球时，有关日本艺术的展览和刊物越来越多，它们来自专门从事"日本系列"的商店或受东方灵感启发的作坊。1887年，第18届装饰艺术联展会在法国首都举行，在入选目录中日本题材极为丰富；同年，皮埃尔·洛蒂的小说《菊子夫人》(顺便提一句，凡·高对此非常熟悉)出版；专著有泰奥多尔·杜雷的《日本艺术》(1884)，他是一位亲近印象主义的评论家；还有爱德蒙·德·龚古尔关于喜多川歌麿

（1891）和葛饰北斋（1896）的专题著作；一些专门的杂志像《日本艺术》，也在1888年至1891年发行；日式场所，如蒙马特的日本音乐厅，这是90年代的时尚场所，劳特累克曾为其制作了著名的海报（见第100页）；后来，在版画店和日本商店中，萨穆尔·宾的店名声大噪，他有四个销售处，其中有一个在蒙马特勒皮克街，离文森特的公寓很近，他去得很勤。

当时有关日本和相关的艺术展览，在法国和欧洲其他国家，像英格兰、意大利激起了一股热潮（一个著名的"日式"例子是普契尼1904年的歌剧《蝴蝶夫人》）。"日式"潮流不仅仅是由于异国的浪漫，也因为日本保持了几百年的封闭，大家对一个几乎没有听说过的国家很好奇。日本于1854年与美国签订了《神奈川条约》后，其港口才重新对外国人开放。此条约为日本之后与欧洲国家的"合作"开了先河，因此，在1867年巴黎世界博览会上已有了日本馆，其所展出的各种文物和物品，让法国得以认识这种仍未被知的艺术的美。

文森特对日本版画的兴趣，在他从安特卫普写给提奥的信中有所体现，1885年11月，艺术家说："我沿着斜堤和堤道的每一个方向走去。这是一个难懂的迷宫。龚古尔说：'日本风格无处不在。'这堤道就是一个了不起的日本风格，奇妙，特别，我从没见过，至少可以这么想。我想和你一起在这儿散步，我不过是想看看我们的观察方式是否相同。你在这儿什么都能做：观赏城市、各色的人，在海水和天空的细腻灰色中，船舶就像主角似的，特别日式。我的意思是这些形状总在动，所处环境最为奇怪，一切都不可思议，它们之间保持着一种有趣的对比。"

在巴黎，日本版画的潮流曾风靡一时，他心爱的那些浮世绘大师的版画从未如此自由地传播、发展。在巴黎那段时间，

《日本情趣: 花魁》
模仿自溪斋英泉
1887 年 9—10 月
阿姆斯特丹，凡·高
博物馆

文森特继续和弟弟提奥一起如饥似渴地收集日本版画（现在他的收藏藏于阿姆斯特丹凡·高博物馆），他也会利用那个时代的浪潮——人们可以找到好的交易市场，尤其对那些不太出名大师的较为普通的版画作品，他也同样欣赏。凡·高收集了多达百张日本的版画，其中包括十余幅歌川广重的。然而，从某种严格意义上来说，凡·高一生中只临摹过三张（1887）日本原画（两张是歌川广重的，另一张是溪斋英泉的）。即便是这些作品，

《唐吉老爹》
1887 年秋 | 整体和局部
巴黎，罗丹美术馆

也带有一定的自由度，这种轻松随意也体现在他与藏品的关系中。这不是文森特唯一喜爱的风格，他没有费尽心思地把它们保存得特别完整。如同今天一些展于阿姆斯特丹的版画所证明的那样，这位荷兰艺术家习惯于无保护地把它们牢牢固定在安特卫普、巴黎或阿尔勒住所的墙上。

　　日本版画也被画进了凡·高的一些作品中，引用原始画作作为画面中的一部分，是他表达敬意的一种方式。比如说这两幅《唐吉老爹》，一幅画于 1887 年，收藏于巴黎的罗丹美术馆；另一幅画于 1887—1888 年，收藏于雅典的尼亚尔科斯文化中心。

这两幅画的背景，都被浮世绘版画完全填满，可以辨别出有歌川广重、歌川国贞和溪斋英泉的一些作品。

　　唐吉老爹是个参加过巴黎公社起义、爱好艺术的老头，在巴黎克洛泽尔大街有一家画材店。一些总是没钱的先锋艺术家会在这里接头，他们的店主朋友经常以几张油画作为交换，提供给他们一些画画用的必要材料。老唐吉的店也经常作为新一代画家的展览空间，这些画家被艺术画廊圈排除在外，所以被迫在力所能及的范围之内找最好的地方展出作品。比如说在蒙马特克里希大道的铃鼓咖啡屋是另外一个先锋艺术家经常使用的多功能展厅。1887年，凡·高在此举办了展览，展出了他和弟弟曾一起收藏的日本版画。意大利的阿戈斯蒂娜·塞加托里经营着铃鼓咖啡屋，她曾是德加的模特，文森特可能与她有过一段短暂的关系。在一幅作于1887年2—3月的献给她的画作中（阿姆斯特丹，凡·高博物馆），可以看到阿戈斯蒂娜坐在放有咖啡的那个小桌旁（请注意桌面上的铃鼓，这个地方的名字正是源于此），在她身旁的墙上直观地展示了一系列艺术作品，这可能正是文森特和提奥收藏的日本版画，比如说在背景中留下的唯一足够清晰的那部分，让人联想到两个日本女人。在《意大利女人》（巴黎，奥赛博物馆）这幅肖像中，描绘的或许也是阿戈斯蒂娜，此画作于1887年12月，而且可以确定她是凡·高少有的裸体油画模特。

　　在巴黎时，文森特在社交场合空前活跃，日后不复如此。比如说在铃鼓咖啡屋的展览，以及同画友们在经常见面的地方持续不断地交流，这是凡·高生命里最广泛地参与社交和艺术活动的时期。1887年11月，凡·高举办了一个新的展览。这次展出的不是日本版画，而是他最新的艺术作品，以及他那些

右页图
《阿戈斯蒂娜·塞加托里在铃鼓咖啡屋》
1887年2—3月
阿姆斯特丹，凡·高博物馆

124

不受重视的新潮朋友包括伯纳德、安克坦和图卢兹－劳特累克的作品。这一次，展览在一家备受欢迎的餐厅举办：克里希大道43号的歌行布咏木屋餐厅。参与者的兴趣点时常不同，不光是为了展现一个有组织有凝聚力的团体，更是为了推动一个还在边缘化、停滞不前的艺术流派。文森特还给自己和同伴们起了一个名字："佩蒂特大道印象派"。这样叫正对应于"格兰大道印象派"，这个名字也是文森特给印象主义团体"历史上"最出名的那些艺术家起的，如今他们的作品在主街上一些高档的美术馆展出（包括布索特＆法拉东），在歌行布咏餐厅的展览由文森特的一百多幅油画主导，一直展出到12月，但并没有获得什么成功。

事实上，正是这些不起眼的、失败的尝试，使文森特萌生出了一个更加野心勃勃的梦想，那就是创建一个像传统兄弟会一样的画家团体，一个在朋友、生活和工作步调上都一致的小圈子。凡·高在搬到阿尔勒后仍多番提及这个想法，这一点在他与弟弟提奥的通信中可以见到。当高更和他一起生活在他的住所兼工作室黄房子的时候，他渴望具体实现它。

然而，眼下的却是完全不同的现实，巴黎的生活充斥着竞争和压力。"为了成功，就得有野心，可我觉得野心很荒谬。"他写道。事实是他的画完全卖不掉，别人帮不到他，他也没有改善与提奥的关系，也许他期待着另外一个合适的人。在1887年时文森特与提奥之间的关系变得更加紧张了。这使得文森特感到焦躁不安，意志消沉，他只有在室外而且天气好的时候才开心些，冬天天气不好的那几个月会让他不舒适；这使得他性格古怪，想法标新立异，且经常会引起争议和冲突。"与文森特在一起的日子几乎让人难以承受，"提奥在写给妹妹威廉米娜的信中诉苦，"没人能来我家，因为文森特总是和每个人吵架。而且我们的家简直乱得不像个家了，我希望他能住在其他地方。他自己也说了很多次，但如果我强迫他走的话，对他来说倒是个留下来的充分理由。"不只是这样，文森特在巴黎养成了抽烟和酗酒的坏习惯，尤其是带有毒性并使人致命的苦艾酒，有人把他精神病的爆发归因于此。最终，城市对他来说变得无法忍受。"我想要到南方的某个地方，以免看到那些人模狗样使我作呕的画家。"他私下对他的兄弟说。而且他又一次地听从了自己冲动的本性，他也这样做了。1888 年 2 月，凡·高向普罗旺斯方向出发，走向了温暖的阿尔勒。

《四朵枯萎的向日葵》
1887 年 8—9 月 | 整体和局部
奥特洛，克勒勒 – 米勒博物馆

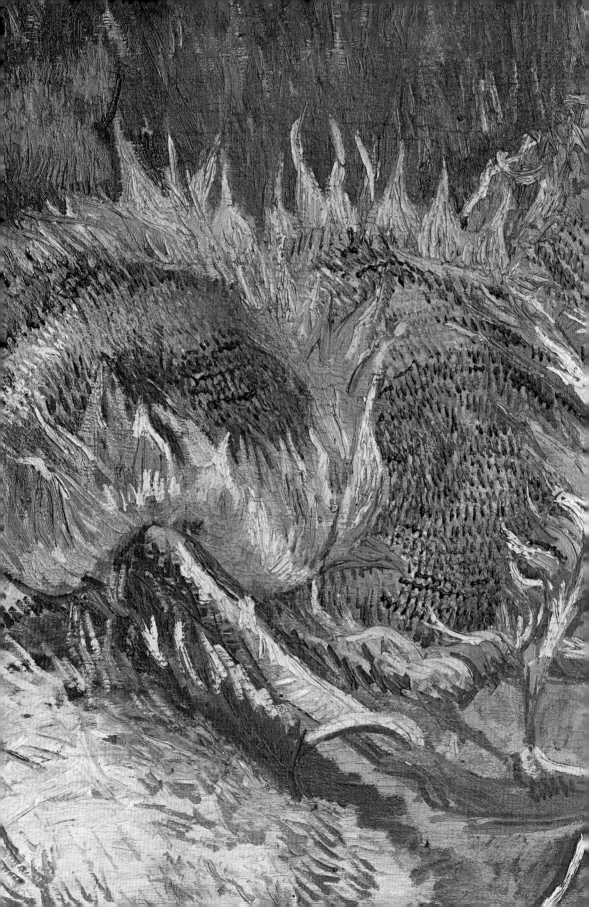

第四章
# 普罗旺斯的艳阳下

　　"这里的自然风光格外美丽"，凡·高在从阿尔勒寄给提奥的信中写道。凡·高逃离了巴黎压抑的浓雾，顺着光的痕迹一路南下。在普罗旺斯透亮的天空下，他再次建立起了灵魂、外部现实与他艺术之间的对应关系；重新找到的内心之光，映射在他创作高峰期的作品中——普罗旺斯的艳阳与那倾倒而出的光亮色彩，这位荷兰艺术家就是在此地捕捉到了"最著名的黄色"。

　　实际上，凡·高来到阿尔勒时正值隆冬时节，有时还会下雪，但普罗旺斯的色彩和阳光深深地打动了他，最终这块土地影响了他的性格。普罗旺斯实在太美了，就连塞尚、雷诺阿以及其他一些艺术家也曾选择在这里生活或小住一段时间。

　　提奥给哥哥每月寄250法郎以支持哥哥的生活和工作。文森特想要报答提奥，于是他从1884年开始给提奥寄他的画，并频繁地写信给提奥。一如既往，给提奥的信中满满的都是有关他内心和情感状态的自我剖析，以及大量有关他艺术作品构思的珍贵资料。

　　到达阿尔勒后，文森特住在位于卡瓦雷里尔街30号的卡雷尔宾馆。5月初，他以每个月15法郎的价钱租下了拉马丁广场2号楼的四个房间，这就是著名的黄房子，它靠近市区，后来在第

在第二次世界大战中被炸毁的黄房子

阿尔勒的拉马丁广场，背景是黄房子

《黄房子》
1888 年 9 月
阿姆斯特丹，凡·高博物馆

《阿尔勒一家餐厅的内部》
1888年8月

二次世界大战中被毁，凡·高描绘此建筑物的同名绘画，现被保存于阿姆斯特丹。

　　时间久了，文森特希望能在他的住处容纳一个艺术家社团，一个在往后岁月中可以造福后代的南方画室。"你知道吗？我一直觉得独自生活的那些画家很蠢,把自己隔绝会失去很多东西。"文森特在1888年6月初这样写给提奥。而他又在接下来的那个月中写道："对于我们在这个冬天谈过的艺术家社团，我还是坚持己见。"

《阿尔勒的夜间咖啡馆》
1888 年 9 月 | 整体和局部
纽黑文，耶鲁大学美术馆

《阿尔勒咖啡馆》（《吉努
夫人》）
保罗·高更 | 1888 年 11 月
莫斯科，普希金博物馆

约瑟夫·鲁林，去世前几年的照片

*《约瑟夫·鲁林肖像》*
1888 年 8 月 | 整体和局部
波士顿，美术博物馆

《鲁林夫人》(《奥古斯蒂娜·鲁林》)
1889 年 1 月 | 整体和局部
纽约，大都会艺术博物馆

在黄房子装修期间，凡·高需要一个暂时可以学习和放置物品的地方，于是他住在了火车站咖啡馆的一间房中，该咖啡馆位于拉马丁广场 10 号，他在这里同房东吉努夫妇成了朋友。谁走进凡·高的生活，便也会走进他的艺术。于是，吉努夫人便成了凡·高不同版本《阿尔勒妇女》中的模特；这时，他与另外一人的关系也更进一步，一个叫鲁林的无政府主义者，是个有着年轻心态的老邮递员，凡·高曾这样描述他，"一个留着大胡子的男人，和苏格拉底似的"，他永远地活在了凡·高不同的肖像画作品中，他的妻子也是，凡·高曾创作五个不同版本的《鲁林夫人》。

在定居阿尔勒的 15 个月里，凡·高创作了 200 多张画，其中有些特别出名，比如"盛开的果园"系列，也许他所描绘的

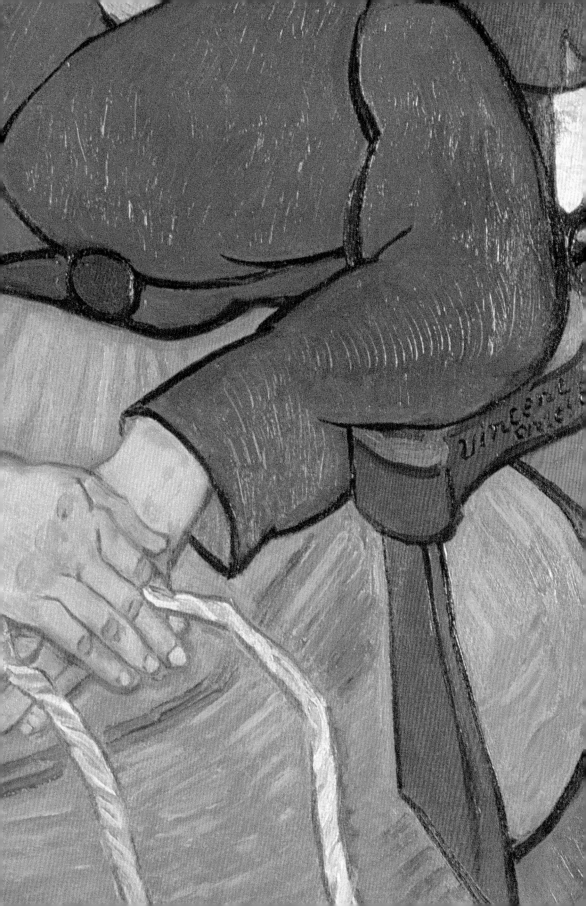

《鲁林夫人》(《奥古斯蒂娜 · 鲁林》)
1889 年 1 月
奥特洛，克勒勒 - 米勒博物馆

《鲁林夫人》(《奥古斯蒂娜·鲁林》)
1889 年 1 月
芝加哥，艺术学院

被唤醒的自然是他自身被南方艳阳唤醒的一种隐喻。他在春天的美好时光里写信给伯纳德："我觉得这儿的风景美得就像日本似的，环境清新，色彩明亮，水会形成一个个美丽的翠绿色斑点，也会变成风景中一片阔气的蓝色，如同在日本版画中见到的一般。浅橙色的落日余晖使整个大地蒙上一种蓝色，太阳金黄而灿烂。"

　　日本版画正是凡·高一系列主题为盛开之树的作品的模板，而在他不同版本的《朗格卢瓦桥》中，也能看到歌川广重的影子。此外，凡·高对日本版画的借鉴还体现在他对画作主题的选择上，且其阿尔勒的作品在技巧的运用上明显地效仿了东方绘画，而不是巴黎时期印象主义和新印象主义的作品。虽然如此，但在亮色调和外光主义的操作上，我们依旧可以看到印象派对凡·高的深刻影响，他不止一次地表示，千万不要忘记印象主义的那些作品，1888 年 7 月他在从阿尔勒写给弟弟的一封信中说，一些"法国的日本人"，已经是印象主义的大师了，以他们自己的方式再次学习，中和了他们与日本版画之间的关系。再后来，这位荷兰艺术家阿尔勒作品中的色彩变得比往常更为鲜亮绚烂、光芒四射，有一种黄色发着特别的光，主导着他的调色板，调子强烈而凶猛，比如说在那幅《向日葵》中，就仿佛向日葵本身释放出了一柱正在燃烧的火焰。保罗·高更，在 1888 年底那动荡的两个月里曾是凡·高的客人，从他的描述中，我们了解到了凡·高对黄色发自肺腑的爱，1894 年，高更在一本名为《自由艺术》的杂志中写道："他画中表现的黄色系，淹没了阳光、乡间农舍和整个卡马格平原……在黄房子的黄色背景中，紫红色的太阳花十分醒目；一张黄色桌子上，它们的根部在一个黄瓶中打湿，在画的一角有画家的签名：文森特。还

144

《以阿尔勒为背景的雪景》
1888 年 2 月
阿姆斯特丹，凡·高博物馆

《花园》
阿尔勒 | 1888 年 7 月
温特图尔，奥斯卡·莱因哈
特博物馆

《蒙马儒的橄榄树》
1888 年 7 月
图尔奈，美术博物馆

《运河边的洗衣妇》
阿尔勒 | 约 1888 年 7 月 17 日
奥特洛，克勒勒 - 米勒博物馆

《名所江户百景之龟户梅屋铺》
歌川广重 | 1857 年

《日本情趣：梅树开花》
模仿自歌川广重 | 1887 年 9—10 月
阿姆斯特丹，凡·高博物馆

《开花的果园和柏树》
1888 年 4 月
奥特洛，克勒勒 - 米勒博物馆

《果园中开花的杏树》
1888 年 3 月
阿姆斯特丹，凡·高博物馆

有金黄的阳光，透过我房间的黄色窗帘，淹没了一旁黄色的花朵，我清晨在床上醒来时能闻到它的香气。对的，文森特这个老实的荷兰画家就是喜欢这黄色，太阳的光芒温暖了他曾在恐怖迷雾中战栗的灵魂，他需要温暖。"

即使在户外画画，凡·高仍像刚才说的那样，不停地实践：哪怕风吹翻画架，扬起沙砾。此外，为了晚上也能在户外工作，他想出了一个巧妙而危险的办法：在帽檐和架子上放置一些点燃的蜡烛。不管这是不是传言，在他完成于 1888 年 9 月的两幅夜景画《夜间的露天咖啡馆》（奥特洛，克勒勒－米勒博物馆）

左页图
《开花的桃树》
1888 年 4—5 月
阿姆斯特丹，凡·高博物馆

和《罗讷河上的星夜》（巴黎，奥赛博物馆）中，先前作品中所表现出的阴暗变成了光明与璀璨，后来，它们也成了凡·高最广为人知的作品中的两幅。星星们像太阳一样出现，填满了整个天空，它们被闪烁的光环所围绕，像闪闪发光的宝石。凡·高当时就是这样看到它们发光的，它们就像在漆黑苍穹中镶嵌的珠宝："晚上我沿着荒凉的海滩散步"，他 1888 年 6 月在卡马格的桑泰斯－马里耶德拉－梅写信给提奥时说道，"在蓝色的海洋里（天空），绿色的、黄色的、白色的、亮粉色的星星们一闪一闪的，比我们在巴黎看到的那些珍贵的珠宝还亮，因此可以说它们是猫眼石、翡翠、青金石、红宝石、蓝宝石"。凡·高笔下的星星，象征着他一个无法实现的梦想，一个他死后想去的安息之处："看着星星，总能让我幻想，比如说它们会让我想起地图册上代表着城市和村庄的小黑点。这是为什么呢！我告诉自己，天空中这些明亮的小点点，难道不能被理解为法国地图上的黑点吗？如果我们可以坐火车去塔拉斯孔或鲁昂，那我们就能为了去一颗星星那里而去死"，一个月后他写信给弟弟时，用诗人般的语言总结了他的所见所闻。

虽说印象派对凡·高的影响以某种方式继续留在了他阿尔勒的画布上，但日本版画，像我们之前所提到的，主导着凡·高艺术的深化和个人风格的形成。

"我很羡慕日本艺术家，他们所表现的一切都极为清晰，"文森特在 1888 年 9 月写信给弟弟时提到，"从来没有什么是枯燥的，也没有什么是要被迅速完成的。他们的工作就像呼吸般简单，少量确定的线就能画出一个轮廓，好似系马甲扣子一般简单。"

凡·高在阿尔勒彻底抛弃了一些印象派和新印象派绘画的基础技法。灵巧的笔法，小笔触或者说是巴黎很多尝试性的点画法，与彩色阴影和亮调中巧妙的视觉亮度一起消失。

他的"新"笔触厚重、快速、丰富而有变化，画面色彩鲜艳、饱和度高、对比强烈、极为逼真，其作品在一定程度上促进了象征主义、野兽派和表现主义的进一步发展。

当下满是日本版画最为流行的证据：绚丽的纯色，很多相互突显的互补色彼此靠近（红在绿旁边，黄和橙的色调靠近蓝），边缘有黑色痕迹，大面积的彩色平涂，重新揣摩过的传统透视法。这并不是简单的复制，而是模仿，再次感受并再次表达。就像我们所观察到的那样，凡·高在描绘阿尔勒的景色时，设想自己在学习日本浮世绘的版画，并根据自我需求而改变它的样式。比如说，他尝试加大平涂颜色的面积而使画面"活跃起来"，这

《夜间的露天咖啡馆》
1888 年 9 月 | 整体和局部
奥特洛，克勒勒－米勒博物馆

《罗讷河上的星夜》
1888 年 9 月
巴黎，奥赛博物馆

种方法来自日本的大师，他的笔触更加清晰且越来越密集，画布上交替着平行的笔触，水平或垂直的笔画交织在一起，一条条波浪被一种连续敲打上去的画点所填满（不要与新印象派的点彩混淆），遇到几何植物图案和旋转时会表现得更加强烈。最后说的这些，在凡·高出现精神问题后所创作的画中表现得尤为明显，那时他正居住于阿尔勒，比如说就像在画布上扭曲的橄榄树，或者说火焰般的松柏，很多都可以解读为他大脑异常的躁动。其中有一部分是真的，或者说不该被怀疑，可以说是一种极为强烈的感受力促使了凡·高用一双不同寻常的眼睛看世界。然而仔细分析凡·高的作品，从他那独特的绘画表现手法中，我们可以看到他认真学习的成果与技术上的尝试。从阿尔勒的画开始，凡·高的作品便与日本风格结合起来。正是通过这些作品，我们才得以观察到（在1888年夏天完成的《运河边的洗衣妇》与《菜蓟花园》中均可见）凡·高对日本大师（尤其是葛饰北斋，他熟知十五本《北斋漫画》，"在自由中作画"）绘画的学习与借鉴，他吸收了画中一些细微的表达，再加上个人化的语言，最终令画面极富动感并充满紧张感。他画面的节奏越发的简洁深刻了，在1888年至1890年完成的画中都存在一系列这种有组织、有起伏的"记号"，它们被反复、清晰地表达，在画面中去往各种方向，凡·高经常利用所选择的像草地、麦田这样的主题，加强簇与簇、纹与纹之间排列的节奏。

凡·高个人绘画中的另一个元素，是与日本版画相关的技法。凡·高不模仿版画作品中那些优雅精细的图案，他用的是一种类似但几乎不修边幅的表现手法，这也是他深思熟虑后所做出的选择。为了理解他为什么这样做，需要再赘述几句凡·高的艺术理念，用这位荷兰艺术家的作品来讲吧！从一开始，凡·高就希望他的艺术是有情感的、有道德的（尤其在最初，绘画的存在几乎像是福音语言的一种视觉响应），他想要创造具有强烈情感冲击力的画面，在主题中深化作品的表现力，最好可以"给人以启发"。根据这些理念，我们能明显看出凡·高在印象派绘画中找不到认同的原因，他既没有兴趣高歌颂扬权威人物的观点，也并不想在作品中研究那些极致的光学数据。凡·高想要跳出那个界限，他尝试通过重复一种特殊的手法来描绘对象的形状和颜色，以传达自我情感。幸运的是，在写给提奥的两封信中，凡·高提到了他极为重要而清晰的思路转变。第一封在1885年7月从纽南寄出，凡·高拒绝了"漂亮风格"这个学院派概念，举个荒谬的例子，为了展现完美的手法，表面上要更加接近现实，可又以背叛这个理由而告终，他这样写给弟弟，"如果给一个用铁锹翻地的人照相，那这个人就不再是翻着地的了"，换句话说，在他所选择的描绘方式中，主体永远是真实的，凡·高认为采取反学院派的风格能更好地表达和尊重性感的现实；第二封在1888年8月从阿尔勒写来，凡·高有意识地与印象派渐行渐远，关于画面的用色，他这样说道："我在巴黎学到的东西已不知去向，而在了解印象派之前，我在乡村时就有的一些想法重新浮现。如果不久后印象派画家想说，我的绘画方式受德拉克洛瓦的影响多于他们，我是一点都不会惊讶的。相对于试着把我眼前的东西表现得更为准确，我更愿意用自由的方式来表现强烈的色彩。不管怎样，我们先不说理论，我想给你举个相关的例子。我想给一位有伟大理想、有渴望的艺术家朋友画幅肖像，他工作勤奋，像只歌唱的夜莺，因为这是他的天性。这个男人应该是金发，而且我想在画中表现出我对他的尊重与情感。我尽可能准确地画出他本来的样子，把这作为起始，

《名所江户百景之龟户天神境内》
歌川广重 | 1857 年

《朗格卢瓦桥》
1888 年 5 月
科隆，瓦尔拉夫 – 理查尔茨博物馆

《名所江户百景之大桥骤雨》
歌川广重 | 1857 年

20 世纪初的朗格卢瓦桥

但这幅画不该就这样结束，为了完成它，我将做一个自由的高水平画家。我将以夸张的手法去表现他金色的头发，要有橘黄色、黄色和浅柠檬黄的调子。肖像的背景，不要画寒酸公寓里一堵平淡的墙，要画得没有穷尽，我会画一个我力所能及的最奢华、最鲜艳的蓝色背景。"

对于凡·高来说，主观表达成了他绘画创作的一部分。凡·高并不想把主观视觉理论化，把它当作绘画中一个必要的、计划性的前提，而是把它作为一种要求，如同他个人创作过程中必不可少的一个步骤。所以，他的绘画语言是由他的情感和感受组成的："我坐在一个白桌子旁，我被对面那个地方打动了，"1882年他写给提奥，"我看着它在我面前，告诉自己：'这个空桌子该变成个什么东西呢'，我开始带着一种恐惧看着它。我仍不满足，小憩的时候，我把它移开了，因为我脑袋里想着怎么

《朗格卢瓦桥》
1888年3月 | 整体和局部
奥特洛，克勒勒－米勒博物馆

能使它变好看，之前已经抽离了的美好画面还是那么清晰。我仿佛听到了来自我作品深处的一个回声，它打动了我。我知道大自然对我诉说了一些东西，它告诉我的话，我都迅速地记了下来。"

凡·高的目标和他在绘画上的一些智慧思考，在亨利·米勒1949年的小说《情欲之网》中表达了出来。这位美国作家说："我刚读了凡·高的信，间隔二十多年后又重读了，我对他当时想活在艺术世界里的渴望着迷，不管要付出什么代价，他仅仅想成为一个艺术家而已。对一个有那样秉性的男人来说，艺术成了一种信仰。耶稣为基督徒而死，然后重生。狂热的文森特用神奇的色彩救赎了世界。这位被人藐视、被人抛弃的梦想家，重新上演了一出被钉在十字架上的戏。他从坟墓中爬起，在异教徒面前胜利归来……我想用凡·高所描绘的那种方式画画，任何人都有看清事实的眼睛。耶稣就是这样活着的。但那些装聋作哑的人总是混迹于我们之间。只有那些拥有珍贵而圣洁灵魂的人，才能看得到，感受得到，并且行动起来。我们知道，在很长一段时间里，凡·高放弃使用色彩，强迫自己用铅笔、炭笔和墨水画画。我们也知道他开始学习画肖像了，试着追逐自己的天性。对的，它就隐藏在内心。他拜访穷人、出身卑微的人、受压迫的工人和被排挤的人；他热爱并赞美农民，而不是知识分子；他学习把握事物的形状，用触觉去感受自然。他熟悉一切习以为常的事物，为了之后掌握必要的技巧和技术时，能使这个稀松平常的世界处在真实、神圣的光芒之下。文森特想要的是重新诠释这个过于熟悉的世界，从永恒的角度来诠释。他想告诉人们，这个世界从未披上邪恶丑陋的外衣，从未黯淡或无聊，只需用饱含深情的眼睛发现她的美丽与动人。"

# 同高更的
# 情谊

　　1888 年 10 月是凡·高在阿尔勒度过的特别重要的一个月：保罗·高更来到了镇上。凡·高曾多次邀请他来黄房子做客，认为他是一起开办南方画室的理想伙伴，并对此期待已久。

　　凡·高和高更于 1887 年 11 月在巴黎相识，也许恰巧是在他弟弟的画廊，他跟着自己的感觉尝试在布索特&法拉东等老客户中推广当代绘画的新趋势，印象派画家和新潮流的代表高更恰好也在其中，他刚刚从马提尼克岛回来，仍在寻找自己的艺术方向且经济状况不佳。凡·高真诚地仰慕这位同行的作品，也因为彼此相同的境况而对他产生了好感，且高更自信而阳刚的眼神使他就像一位强大的领袖。凡·高觉得高更感受事物的方式同他非常相似，而且两人都把艺术职业放在第一位：法国画家放弃了银行的工作并抛家弃子。或许高更的魅力还来自于他的异国情调，因为那片土地是原始的、有生命力的，这与凡·高对法国南部的主观设想不谋而合，那是一片能令他重生的艺术之地。到目前为止，两位艺术家的发展道路还是独立的；1888 年初，凡·高移居阿尔勒，高更第二次去了布列塔尼大区的阿旺桥。但是两个伙伴之间通信频繁，凡·高反复邀请高更去他的黄房子。提奥作为中间人，也参与了商讨。从五个月前凡·高第一次邀请直到现在，高更终于迈出了命中注定的一步，其实在最后，高更是被提奥说服的，因为提奥在令他饱受折磨的经济和健康问题上给予了帮助：如果高更愿去阿尔勒与凡·高同住，提奥明确表示愿意承担他搬家和在黄房子居住时的费用，只要在自己的能力范围内［顺便说一句，在这个节骨眼上，提奥得到了来自著名的森特伯伯（于7月去世）的一部分遗产］。作为交换，高更寄了一些自己的画给他。提奥促成了高更与他哥哥之间的情谊，这既是一种商业投资行为，也是为了帮助哥哥凡·高减轻他的孤独感。

眼看朋友就要来了，凡·高在9月做了一系列的准备："昨天我布置了家，"他9月10日在信中写道，"我买了一张胡桃木床，另一张白木床是给我自己的，晚点我将开始画画……为了邀请某人，这里将会有世界上最讨喜的小房间，我试着把它弄得更漂亮点，它就像女孩的闺房似的，带有艺术范儿；然后是我的卧房，我想要的特别简单，但要有方正而宽大的家具：床、椅子、桌子都要白木的；第一层包括我的工作室，以及一个和我工作室一样大的房间，还有厨房……我打算在家中上上下下都摆满画……我很想布置成一个艺术家的房子，但不是奢华的那种，相反，里面什么值钱的都不会有，但所有的东西，从椅子到桌子，都要有个性。"

有关凡·高在阿尔勒的卧室的真实样子，有三种流行的版本，第一种（目前被收藏在阿姆斯特丹凡·高博物馆）要追溯到1888年10月（其他两种都是一年后出现的），凡·高在写给弟弟的一封信中提到了关于这个房间的一些构思："我脑袋里冒出一个新的想法，这是草图。还是三十平方米的格局。这次是我的卧室，用颜色就可以解决一切了，它所带来的精简风格比什么都好，它要有休息或倦意一类的暗示。总之看着画，大脑

《在阿尔勒的卧室》
1888 年 10 月
阿姆斯特丹，凡·高博物馆

《在阿尔勒的卧室》
1889 年 9 月
芝加哥，艺术学院

《在阿尔勒的卧室》
1889 年 9 月 | 整体和局部
巴黎，奥赛博物馆

要能休息下来，或最好能唤起人的想象。墙壁是淡紫色的，方形砖块的地板是红色的，床和椅子的木头是浅黄油色的，床单和枕头要是很亮的柠檬绿，被子是猩红色，窗户是绿色，马桶是橙色，洗脸盆是蓝色，门是淡紫色。再没什么了，这个有着百叶窗的房间大概就是这样了。家具的样式要使休养生息这个理念变强。在门口的墙上，放一块镜子，挂一条毛巾和几件衣服。"

在凡·高为数不多的无人室内画中，最终构建和支撑画布的元素是色彩。凡·高经常使用的互补色有：红绿、黄紫和蓝橙，用油画刮刀做大面积的平涂，"但画得很粗糙，颜色没溶解开"，就像艺术家自己说的一样；同时，从这种效果中我们能看到，艺术家试图与传统画法进行一定的对抗。凡·高应该为此感到高兴，目前他作品中意识的走向已经与之前巴黎时期大为不同了："我觉得我的技巧越发简单有力了。再没有点画法了，没有轮廓线了，除了和谐共生的一些单色，什么都没有。"他高兴地讲到。

在阿尔勒，高更的到来使得凡·高精神抖擞，并对他们之间的合作充满期待。双方对"紧密"工作的积极成果的信任和随之而来的合作意愿，在高更的话中显而易见。高更1903年发表在《此前此后》的一篇文章，描写了他第一天到达南方城市的情景："晚上我才到阿尔勒，在一家夜间咖啡馆等待着黎明……不太早也不太晚的时候，再去叫醒文森特吧！一整天里，我整理了一下，同他聊了好久，还在散步时欣赏了阿尔勒的美……第二天我们就开始画画了。"

# 南方画室

随着高更的到来，凡·高组建南方画室的梦想终于快要实现了。如我们所知，他对这个社团的设想是这样的：它应该像个兄弟会，艺术家们在此聚会，也为工作和生活在此停留，并在艺术和经济方面相互帮助。凡·高脑中的这个雏形，并不是挪用了某一个先例，更像是把一些不同的想法拼凑了起来。有从基督团体到19世纪拉斐尔前派艺术家，从中世纪的兄弟会到抽象变异的日本艺术家群体，后者无疑是建立兄弟会的重要参照。他给黄房子买了十二把椅子，这是招纳使徒愿望的迹象啊！很难说这是个随机的数字，它是具有象征意义的。更重要的是，这个数字还是将凡·高和拉斐尔前派联系起来的标志（出于一些还未知的原因，他们的数字并不相同，实际人数不是十二个），有关僧侣式的想法，凡·高在1888年8月写给弟弟的一封信中谈道："生活得像僧侣或隐士一般，要用激情来工作，放下舒适感……当一个人作为画家，看起来像疯子或有钱人似的；一杯牛奶要花一个法郎，一个面包两法郎，而且这些画还卖不掉。这就是我们为什么像以前的和尚们一样聚集起来。"而有关提到过的日本艺术家团体，毫无疑问，凡·高很喜欢他们，且他对浮世绘版画有着深厚的情感。但要澄清一下，凡·高想象中的艺术社区这个概念，并不能从某本书中找到一个贴切的

描述，更像是他的异想天开，这符合凡·高"神奇"的想象——
那个时代西方的想象——他对日本及其文化下过功夫。凡·高
在那个时代对日本世界的探索，实际上与他自己的历史文化背
景无关。日本到处充满了原始的魅力，这种魅力来自于一块依
旧朴实无华的处女地。正是这个理想化的缘由，使凡·高相信
日本艺术家与阴谋诡计和嫉妒格格不入，也正因如此他回想起
了印象派和他所反感的巴黎艺术圈，他在 1888 年 7 月给伯纳德
的信中写道："在所有伤亡惨重的世俗战争中，双方都带着为了
成就更好未来的一股热情，想把对方踢出局。"而且也是出于这

《普罗旺斯的草垛》
1888 年夏 | 整体和局部
奥特洛，克勒勒 – 米勒博物馆

《以蒙马儒为背景，拉克罗
的收获》
1888 年 6 月
阿姆斯特丹，凡·高博物馆

《普罗旺斯的收割者》
1888 年夏 | 整体和局部
耶路撒冷，以色列博物馆

《赠予凡·高的自画像》
查尔斯·拉瓦尔
1888 年 11 月 1 日
阿姆斯特丹，凡·高博物馆

《赠予凡·高的带有高更肖像
的自画像》
埃米尔·伯纳德
1888 年 9 月下旬
阿姆斯特丹，凡·高博物馆

《赠予凡·高的带有伯纳德
（孤星泪）画像的自画像》
保罗·高更
1888 年
阿姆斯特丹，凡·高博物馆

《赠予拉瓦尔的自画像》
保罗·高更
1888 年
华盛顿，国家美术馆

《赠予拉瓦尔的自画像》
1888 年 12 月

《赠予高更的自画像》
1888 年 9 月
剑桥（马萨诸塞州），福格艺术博物馆

《朱阿夫兵团少尉保罗－欧仁·米列的肖像》
1888 年 9 月
奥特洛，克勒勒－米勒博物馆

个原因，凡·高能在阿尔勒的乡间创作出极似浮世绘大师风景画中颜色和氛围的作品。

　　凡·高出人意料地把高更当作了南方画室的头领，高更成了"住持"，这个称号再次体现了这个小团体所具有的兄弟会的特征。就在凡·高等待高更到来的时候，他在高更将要住的房间里挂了几幅向日葵油画，有些人认为，他的意图不仅仅是用花儿强烈的黄色来使得房间更加明亮，也是向客人致敬，暗示自己是向日葵，高更则是太阳，他们是师徒关系。同时，他还想通过向日葵象征画室的成员们为了同一个目标而携手共进。

《绿色葡萄园》
1888 年夏 | 整体和局部
奥特洛，克勒勒－米勒博物馆

除了自己和高更，凡·高还希望高更的两个布列塔尼伙伴查尔斯·拉瓦尔和埃米尔·伯纳德也能成为社团的一部分。因此，像是要达成一项协议，南方画室的指定成员们相互交换了自画像：在他自己的作品中，凡·高颇有用意地把头剃得像个日本和尚，表明他已深思熟虑过了。黄房子显然是这个组织的所在地，特别是它坐落于阿尔勒小镇的入口处，本身就象征性地说明：引导着人们进入小镇，房子也代表着这个南方庭院的入口。或者可以这样表达：对当地的新先锋绘画来说，多亏了画室"先驱们"的精心设计。对于那些想要追寻先锋艺术家足迹的人来说，黄房子便成了一个闪亮的信号灯。

最后，若凡·高的可悲梦想没有"流产"，他弟弟提奥也将是重要的一部分。实际上提奥的任务是负责处理"生意"中的经济和商业方面。1888年9月，凡·高在给弟弟的信中写下了这样一段话："我的想法是，最终成功创建一个工作室并能留给后人，他们也能于此继续生活。我不知道我表达得是否足够清晰，换句话说，我们（我和你）干艺术这行，一些东西不只会留在我们的时代，它们是能够超越我们而继续存在的……现在，如果我办一个初级工作室，它就在南方的入口处，这并不算是一件不可理喻的事吧！如果有人说这儿离巴黎太远了，那就尽管让他们说吧，是他们自找的。"

# 共同生活
## 在黄房子

　　凡·高和高更共同在黄房子住了两个月（准确地说是 63 天）。一起画画对双方都有好处，他们创作出了一大批非常精美的作品（有时他们描绘同一对象，比如说同名的《阿尔勒妇女》，凡·高和高更两人都画了吉努夫人）。

　　虽说初期的同居生活愉快而高产，在生活中他们也相互交换想法，辛勤作画，但之后两人的关系开始变得紧张，直到最后关系破裂。凡·高和高更之间的冲突来自于他们对立的性格：凡·高焦虑又混乱，高更自我而细致。高更还在《此前此后》中写道："我们两个，我和他，一个像是火山，另一个也火烫火烫的，内心都有一场战役正在酝酿。我忽然觉得自己被无处不在的混乱吓到了。颜料盒刚刚能盛下所有被挤过的颜料管，它们从没被盖上过，尽管这么乱七八糟，但他的画布还是发出光芒，就像他自己说的……在开始的那几个月，我就知道我们的经济状况也是乱七八糟的。"

　　两个朋友渐行渐远，但他们主要的分歧在于对艺术的理解和目标上。最初，两人因共同研究如何打破新印象主义的僵局而走到一起，两位艺术家都对他们的目标感到不满意，此外他们有着同样的激情，比如对日本版画的热情。从这儿可以看出他们的步调一致，比如说在纯色的灵活使用上，特别而不做作，

《高更的椅子》(《空着的椅子》)
1888 年 12 月
阿姆斯特丹，凡·高博物馆

《凡·高放有烟斗的椅子》
1888 年 12 月 | 整体和局部
伦敦，国家美术馆

他们都有自己观察世界的方式。然而，在某个特定时刻，他们立场的不相容性显现出来，揭示了他们对艺术的目标和解决新印象主义困境的方法的认知是不同的。

　　高更到达阿尔勒前，刚刚完成了他绘画生涯中特别重要的一幅画：《布道后的幻象》（见第 102 页）。此作演绎出了一种全新的风格和概念，这幅画的价值在于宣告了前象征主义的诞生，一个新的绘画象征主义，同时再次说明了高更的绘画理念是先驱莫罗、雷东和皮维·德·夏凡纳的进一步延伸。在先锋派中有这样一种说法，认为高更是未来几代象征主义艺术家中无可争辩的大师，塞律西埃、波纳尔、维亚尔、丹尼斯、瓦洛东和

《画向日葵的文森特·凡·高》
保罗·高更
1888 年
阿姆斯特丹，凡·高博物馆

纳比派中的一些人都这样称赞。《布道后的幻象》是高更一幅成熟的艺术作品，是他最近与年轻画家安克坦和伯纳德一起时在阿旺桥画的，高更的脑海中产生了一个新颖而富有诗情画意的想法，把它理论化后称之为"综合主义"，它同所有人鼓吹的印象主义和新印象主义对立，高更认为绘画应植根于记忆的土壤，并延伸出一种想法，它必须基于艺术家对现实的思考，而不是画眼下一个现有的物件，要"揭露"事物的本质，而不仅仅是表现事物的表象，根据"科学"的光学现实再现事物。从技术和风格角度上来说，这个论点由"分隔主义"发展而来，分隔主义是一种由非写实颜色组成的二维平面绘画模式，单一的平涂色块被清晰的黑色轮廓线隔开。就像凡·高一样，新风格不可避免地受到了日本版画的影响，但也借鉴了历史上其他的艺术，例如中世纪的彩色玻璃艺术，在彩色玻璃的制作过程中，含铅玻璃留下了具有象征意义的黑色轮廓线。

在高更完成的作品中，每种象征主义的手法都来自于他天性中傲人的智慧。凡·高显然没准备好采用这种方式。实际上，凡·高的创作总体来说还是忠于现实主义绘画原则的，其所描绘的是一件具体的事物，不是想象而来的，忠实于印象派的"主题"绘画实践。凡·高不会凭记忆作画，他想画出那种能最大限度地传达表现力的画，在与被观察物体的交流中放大情感，

《阿尔勒妇女》(《吉努夫人和书》)
1888—1889 年
纽约，大都会艺术博物馆

《阿尔勒妇女》(《密史脱
拉风》)
保罗·高更 | 1888 年
芝加哥，艺术学院

最大限度地带给观赏者情感上的冲击。

　　除此之外，高更在风格上与凡·高不同。高更不喜欢凡·高
密集而有表现力的笔触，认为这样很粗糙，他讨厌"原始"的外观，
就像他厌恶这位朋友作画时的不修边幅和那些不完美的作品一
样，在一封给伯纳德的信中他曾这样直言说道。他也不欣赏
凡·高画画时的快速打稿。但这些正是凡·高的最基本的绘画
特征，是构建其个人绘画风格的基础。总之，或迟或早，因为
两位画家在艺术天性和性格方面的差异，他们之间的一些故事
仿佛注定要发生。

　　然而，凡·高试图尽他所能地适应朋友，采纳对方的一些
观点，试图画一些象征主义的作品。作于 1888 年 11 月的《埃
滕花园的记忆》( 圣彼得堡，艾尔米塔什博物馆 ) 或许能说明
凡·高在尝试象征主义绘画和向高更靠拢。凡·高在这里想要

凭"记忆"作画，潜心研究以前的记忆和素描，但他似乎并不适合走"升华"和抽象化的道路。对于凡·高来说，这种绘画方式太做作了。

简单来说，他可能在画中添加了象征主义的成分。它们反映在不同的画中，在1888年完成的画中，有之前提到过的《阿尔勒的夜间咖啡馆》（9月，见第136页）《在阿尔勒的卧室》（10月，见第165页）或《夕阳下的播种者》（11月），其中互补色的对比和夸张的线条，都用象征主义的方式表现了出来，艺术家自己也这么说。所以，比如说"唤起通常所说的倦意或睡

《埃滕花园的记忆》
1888年
圣彼得堡，艾尔米塔什博物馆

意"，像我们之前提到过的，凡·高想要在《在阿尔勒的卧室》里激起的，正是这样一种感觉。《阿尔勒的夜间咖啡馆》也与此相关，他向提奥倾诉道："我试着用红色和绿色表达人类恐惧的情感……无论如何这都是一场战争，差异最大的红与绿之间的对立，一些小混混似的人物，睡在空荡而悲伤的蓝紫色大厅里。"恐惧的情感来自咖啡馆，凡·高继续说，"这是一个可以毁灭、可以疯狂、可以犯罪的地方……我试着表达来自咖啡馆的黑暗的力量。"此外，在《夕阳下的播种者》中，还有一个象征的主

《有播种者和落日的麦田》
1888 年 6 月
奥特洛，克勒勒 - 米勒博物馆

《夕阳下的播种者》
1888 年
阿姆斯特丹，凡·高博物馆

题（他从米勒那里学来的），"播种者"是凡·高最喜爱描绘的人物之一，相比之下在他作品中出现得最为频繁。播种者其实是凡·高诠释得很好的一个人物，他映射出艺术家的辛劳与苦难，他对播种者的辛勤劳作感同身受；在荷兰画家看来，这个人物也像是一个播种希望的人，象征着种子在阳光的普照下发芽、生长。

在象征主义颜色的使用上，黄色占了一席之地，这是凡·高在阿尔勒调色板上较为常用的颜色，它指代太阳，象征着生命与精神重生。跃动的黄色闪耀在画面中的黄色房子上，还有那一排排成熟的麦田上。在凡·高著名的"向日葵"系列作品中，

《十五朵向日葵》
1888 年 8 月
伦敦，国家美术馆

《十二朵向日葵》
1888 年 8 月
慕尼黑，新绘画陈列馆

《十五朵向日葵》
1888 年 8 月
阿姆斯特丹，凡·高博物馆

《三朵向日葵》
1888 年 8 月

黄色加强了画面象征主义的强度，成为真正的"黄色主题变奏曲"。向日葵不仅仅被凡·高在象征主义中使用，而且因为面朝太阳的特点，它长久以来被用作隐喻；灿烂的金黄色又象征着阿尔勒和南方。

凡·高的另外一幅画，根据高更所敦促的那样，完全凭记忆完成，那就是最著名的《星夜》（纽约，现代艺术博物馆，见第 232 页），画于 1889 年 6 月，他当时饱受与高更决裂的痛苦，被拘禁于圣雷米的精神病院中，之后因为精神不稳定，病情发作得更加频繁了。如我们所见，表现在这幅作品中的旋涡状线条，将我们带入到了凡·高遭受精神疾病的那个时期，令人痛苦的混乱和画家内心的恼怒都以图示化的形式表现在同时期的其他作品中，比如说之前提到过的，那些充斥着痉挛扭曲的橄榄树和外形交缠的柏松画面的作品。然而，从精神层面上来解读这些作品，并不排除凡·高在力所能及地按照象征主义原则绘画的可能性。这方面的证据可以从他同弟弟的信件往来中找到，他画了"有橄榄树的风景画和星夜的草图"，这是他给自己设置的重要风格练习，"作品中夸张的角度"，说的是以一种象征主义绘画特有的方式完成。现在，有人解释说，凡·高注重高更的引导，想要与象征主义先锋同步，这是因为他不希望自己孤身一人，也许在他写给提奥的信中那些让人浮想联翩的词句还不够直接，这位荷兰艺术家还想要参加（其实没有参加）高更和伯纳德趁着 1889 年 6 月到 10 月的世界博览会而在巴黎佛尔比尼艺术咖啡馆组织的展览。

凡·高还想过画象征主义肖像画。《鲁林夫人》（见第 140—143 页）就是个明显的例子，它是凡·高在先前一张写实手稿的基础上通过记忆而作的，凡·高在 1888 年 12 月到 1889 年 3 月之间画了五个版本（值得注意的是他想让提奥送份复制品给高更和伯纳德）。这幅肖像画，描绘的是他在阿尔勒的一位邮递员好朋友的妻子，凡·高画的鲁林夫人，原型是一位称职的妈妈，知道怎么照顾人、安慰人，画作的标题就说明了这一点（《鲁林夫人》的法语标题直译为"摇篮曲"），我们从她手中的摇篮的绳索也可以察觉得到。人物的行为和表现，是通过温柔地摇晃婴儿床而给予安宁和休息。凡·高也在一封信中写道："我有画一幅水手画的灵感，水手们都是儿童和殉道者，可以在船舱看到他们，他们会感觉自己被放在摇篮里，回忆他们的摇篮曲。"提到水手，他们并不是偶然地成为画中的理想人选，而是文学的源泉给了凡·高塑造人物的灵感，皮埃尔·洛蒂（之前提到过，是《菊子夫人》的作者）的小说《冰岛渔夫》是凡·高和高更都读过的一本书，他们都极为欣赏。

凡·高似乎充分意识到了象征主义自身的局限与矛盾。1890年1月，年轻的评论家阿尔伯特·奥里埃在《法兰西信使》上的一篇文章《独行者：凡·高》中终于给予了凡·高的艺术应有的认可。在这本以象征主义为主题的权威专题杂志中，奥里埃说凡·高处于热情的顶峰，是象征主义的先锋，如同一个与世隔绝的画家，他的"极度敏感"使他有深入事物最深处，从而攫取出它们真实而神秘的本质的能力。文森特对此的反应是贬低自己的才能，这体现在了写给奥里埃的感谢信中（"谈到我的那部分，或者说有涉及我的，其实真没那么重要，我保证"），他也这样写给弟弟，在这件事上他没理由说谎："你寄来评论我作品的那篇文章，让我特别惊讶，"1890年2月，他向提奥坦白道，"我想我不能接着这样画了，这么说有用吗？但事实更像是我要这么画。因为这篇文章指出了我有待进步的地方，说得还是很对……它简单明了地告诉我，这或那，有好的地方，如果你愿意的话，你也可以评论我的作品，它是如此不完美，这是令人欣慰的一方面，我会重视并为此心存感激。但他应该知道，我没有强大到可以把这件事干好。"而且，在另一封4月的信中凡·高说道："请告诉奥里埃先生，别再写有关我作品的文章了，我意已决，最重要的是他理解错了对我来说最为重要的东西，然后面对公众的时候，我真的觉得被太多痛苦所折磨。画画分散了注意力，而且当我听到别人谈论此事时，会带给我更大的痛苦，这是他无法想象的。"

凡·高并不仅仅是因为谦虚才这么说的。凡·高貌似是第一个意识到，他不知道怎么用奥里埃认为他可以的方式画画，即作为一个天才的象征主义者。显然，凡·高不觉得自己在画画的时候用了象征主义的方式，他明白自己没有掌握象征主义的规则和艺术观点，还有很多要学习的，在其他信中他也说走象征主义这条路是艰辛的，甚至可以说是危险的，因为他不稳定的精神健康会带来各种各样的后果。或许他为此试着回到不那么"用脑"和劳累的绘画中去，后来他搬到了一个叫欧韦的静谧小镇，在那儿度过了生命中最后的几个月。

# 绝交

　　凡·高和高更的同居生活，在 1888 年 12 月 23 日以悲剧收尾。在圣诞节前夕，没有明显的缘由，正如高更一直在《此前此后》中讲的，凡·高拿起剃须刀攻击他，之后他惊慌失措地跑了，在旅馆过夜。与此同时，凡·高已病入膏肓，他把自己的左耳垂割了下来，像包礼物似的包了起来，送给了附近高更经常光顾的妓院的妓女拉谢尔。

　　"在我逗留的最后几天，"高更写道，"文森特变得十分阴晴不定，精神错乱，常常沉默。在那些出其不意的事中，有一次在晚上，我醒来发现文森特正在靠近我的床。为什么我偏偏在那一刻醒来呢？我已经受够了，只能严肃地告诉他：'文森特，你干什么呢？'他一个字都不说，又回床上睡觉了，睡得很沉。当他画他特别喜欢的向日葵静物画的时候，我曾有给他画一幅肖像的想法。画完之后，他说：'这确实是我，不过我已经疯了。'那天晚上我们去了咖啡厅。他点了一杯低浓度的苦艾酒，然后就突然把杯子及里面的酒扔向我的脸。我避开后把杯子放回去，挽着他的胳膊就往咖啡厅外走，穿过雨果广场，几分钟后文森特就躺在他的床上，并在很短的时间里就睡着了，一直到早上。当他醒来后，他特别平静地告诉我：'亲爱的高更，我模糊地记得我昨晚冒犯到了您。''我真心诚意地原谅您，但昨晚的那一幕还会发生的，如果我被打中了，我会无法控制自己掐死您的。所以，请允许我给您的弟弟写信，告诉他我要回去了。'天哪，我这一天过的！晚上随便吃了点饭，我觉得有必要一个人走走，呼吸呼吸空气中月桂花的香气。我几乎把整个雨果广场都转遍了，我听到我身后熟悉而短促的脚步声，又快又急，在我转身的那一刻，文森特正拿着一把打开的剃须刀冲我扑来。我的眼神在那一刻应该有足够的威慑力，使他停了下来，垂下了脑袋，又开始往回家的路上跑……过了一会儿，我在阿尔勒一个不错的酒店询问时间后，开了个房间便睡觉去了。我当时心里很不好受，早上三点多的时候才睡着，醒来得挺晚的，差不多都七点半了。我去了广场，看到一大群人聚在一起。宪兵在我家附近，一个戴着圆顶硬礼帽的小男人是警察局长。事情是这样的：凡·高回家后，马上就把自己的一只耳朵割了下来。他需要立即止血，于是第二天有一大堆破湿布散落在一层两个房间的地板上。血弄脏了这两个房间和去往卧房的小台阶。当他能走出来的时候，他头上包了顶挺合适的帽子，一个人径直走向妓院，把他洗干净、包好的耳朵交给正在等客的妓女。他说，'这给你留作纪念'，然后就逃回家，上床睡觉了。不过他还关上了百叶窗，在窗前的桌子上放了一盏开着的灯。"

在这件事过去多年之后，高更才把它讲了出来。理论上来说，这是唯一一篇有关此事的详细记载，至少在事态的发展上来说是这样的。但其实还有一则相关报道，一家当地的报纸在事情发生的一周后报道了这个事件，但只在"耳朵"上做了文章："在上个周末，晚上十一点半，一个叫文森特·沃高（原文）的男人，一位荷兰籍画家，光顾了头号妓院，"《共和党论报》如此报道，"他点了一位叫拉谢尔的女性，把自己的耳朵交给了

右页图
阿尔勒河岸边的老城区，妓院就在这儿。凡·高当时送去耳垂的地方已经不在了，与附近临近卡瓦雷里尔街的几条小路一起被拆除了

凡·高数次住院的阿尔勒医院的花园

《阿尔勒医院的花园》
1889 年 4 月
阿姆斯特丹，凡·高博物馆

## Chronique locale

—

— Dimanche dernier, à 11 heures 1|2 du
soir, le nommé Vincent Vaugogh. peintre, o-
riginaire de Hollande, s'est présenté à la mai-
sou de tolérance n° 1, a demandé la
nommée Rachel, et lui a remis. … son o-
reille en lui disant : « Gardez cet objet pré-
cieusement. Puis il a disparu. Informée de ce
fait qui ne pouvait être que celui d'un pau-
vre aliéné, la police s'est rendue le lendemain
matin chez cet individu qu'elle a trouvé cou-
ché dans son lit, ne donnant presque plus signe
de vie.

Ce malheureux a été admis d'urgence à
l'hospice.

《共和党论报》1888 年 12 月
30 日的文章叙述凡·高割耳
的片段

202

《耳朵绑有绷带的自画像》
1889 年 1 月
伦敦，考陶德艺术学院画廊

《耳朵绑有绷带、叼着烟斗的自画像》
1889 年 1—2 月

她，说："像珍爱宝贝似的珍爱它吧。"然后就消失了。获悉这一只有可怜的疯子才会涉及的事件后，次日早上警察去了这个男人的家，发现他平躺在床上，几乎没有活着的迹象。这个可怜的人立即被送去了医院。"

其实，这两份资料都不足以再现那晚究竟发生了什么。许多疑问仍然存在，如引发这次事件的原因，凡·高自残和把耳朵送给那个妓女的原因（也许凡·高在阿尔勒目睹过斗牛，他想要效仿斗牛士，为了她的美丽而献上自己割下的耳朵？），还有其他的细节。此外，不能把高更的叙述作为衡量一切的凭据，仔细考虑就会发现他的话有许多不准确、矛盾、夸张的地方。甚至有些人认为凡·高根本没有自己割下耳朵，而是出了意外。有时，凡·高和高更在激烈的争执后是会打架的。有一回出现了刀（或者剃须刀），凡·高就在两人争抢它时受了伤。

凡·高的说法是他完全不记得当时发生了什么。根据他后来写给高更和提奥的信件来判断，他并没有对高更留有什么怨恨，而且高更第二天就回巴黎了，甚至都没去他所在的医院探望过他。相反，凡·高在 1889 年 1 月 28 日写给弟弟的信中说："那个可爱的高更是可以同我相互理解的，如果我们不疯得太厉害的话。"

凡·高留下了两幅耳朵包有绷带的自画像，一幅在芝加哥被私人收藏，另一幅被收藏在伦敦的考陶德艺术学院画廊。在这两幅自画像中，包着绷带的是右边那只耳朵，而不是左边的。解释这个很简单，如果这些画是画家借助镜子完成的，那图像反映在画布上就是反着的。

最后一个有意思的事：在割下的耳垂被扔掉之前，警察把它泡在酒精里保存了几个月，以便在后续相关调查中作为证据使用。

《阿尔勒公园里栗树开花的林荫大道》
1889 年 4 月

《阿尔勒的舞厅》
1888 年 12 月
巴黎，奥赛博物馆

# 第五章

# 精神错乱

# 窘迫的生活

在 1888 年 12 月 23 日的那场悲剧中，文森特用剃须刀割下了自己的耳朵，他被首次爆发的精神失常击垮了。这一幕看似突如其来，但其实早有征兆。文森特现在的错乱，是他内心深处潜伏了多年的所有毒素的爆发。他性格紊乱的迹象，其实从他以前处于正常警戒线以上的行为举止中就能察觉得到：从他在博里纳日做牧师时从事宗教职业的盲目，到失败的爱情经历带给他的狂躁。而且他内心深处现有的窘迫，是一种格格不入的感觉，它来自失败和无法融入环境的痛苦，这意味深长的画面，无疑让人想到一个身心都处于抑郁危机的人。回到凡·高在圣诞节前夕的大闹剧前写给提奥的信吧！早在 1877 年，凡·高就对弟弟讲，他内心的痛苦来自于"我活在沮丧之中，我做的每件事都是失败的，我活该受这一股脑儿的责备"。这是从多德雷赫特寄来的一封信，在让人失望的传教经历和被古皮尔解雇之后，文森特在荷兰的一个小城市接受了一份书店的工作。

不久后，也是在 1877 年，他还是向提奥诉苦，"我被你的一句话打动了：'我想远离这一切，这是我的错，因此不能把伤害带给别人，我知道是我的原因而让别人受苦了。'因为事实就是这样，丝毫不差，所以我才会被这些字句打动，我的良心受到谴责。当我回想过去时我能感受到它，当我展望未来时它又成为不可逾越的障碍，我不喜欢这个沉重的负担，我最懦弱的一面想要抵抗它，想到跟随我的很多人知晓我可能不会成功的原因……他们不屑于指责我……但他们脸上的表情会告诉我：'我们帮助了你，引导了你，我们已经做了一切可以为你做的，你真的想成功吗？我们能得到的回报是什么？我们工作的成果是什么？'"

文森特一生都心怀内疚，他事业的发展注定要依赖提奥，一切的一切都在字里行间。缺乏他人的情感和尊重，又无法拥有稳定的收入，只会令他的处境更加糟糕："像其他人一样，我感觉我也需要家庭、友谊、亲情、亲近的邻里关系；我不是用

右页图
《自画像》
1887 年秋
巴黎，奥赛博物馆

《戴着深色毡帽的自画像》
1886 年春
阿姆斯特丹，凡·高博物馆

《叼着烟斗的自画像》
1886 年上半年
阿姆斯特丹，凡·高博物馆

《戴着草帽的自画像》
1887 年夏
阿姆斯特丹，凡·高博物馆

《画架前的自画像》
1888 年初
阿姆斯特丹，凡·高博物馆

石头或铁做的，像一个消防栓或者一盏路灯，所以我不能活得除了浓浓的空虚之外一无所有。"他 1879 年于瓦姆写道，此时他整日在矿工之间传教。

在其他的信件中，他意识到了自己的异样，文森特不愿被大众视为罪犯排斥，这种态度使他恼火："我是个被本能驱使的人，多多少少会做一些鲁莽的事情，但不久后我就会为此后悔。我也会说得或做得太快，要是多些耐心会好些吧！我觉得别人也会做出这种冒失的事情来。话虽如此，那要怎么做呢，要把他视为一个危险的人，认为他什么事都胜任不了吗？"1880 年文森特在寄自库埃马的一封信中说，这一年是他人生出现转折点的关键一年。1882 年，他在信中说："在大多数人的眼中，我究竟是怎样的呢？什么都不是，一个异类或令人厌恶的人；一个没有社会地位的人，而且将来也不会有；简单来说就是劣质品里的劣质品。好吧，就算这是真的，我也一直想在我的作品中表现出这个怪人、这个一文不值之人的内心世界。"从此处我们能看到文森特精神失常的苗头。同年，他在信中回忆到来自表姐柯尔让人心碎的拒绝，她没有接受他的爱，提及自杀，他毫不含糊地谴责自己。"我当时的惆怅无法言喻，永远都无法用语言来表达。我后来才知道，我无数次地想到如父亲般的米勒的一句话，它刚强而有力：'自杀是羞耻者的一种行为。'内心

《自画像》
1889 年 9 月
奥斯陆，国家美术馆

《自画像》
1889 年 9 月 | 整体和局部
巴黎，奥赛博物馆

《自画像》
1889 年 8 月末
华盛顿，国家美术馆

《橄榄园》
1889 年 11 月
哥德堡，哥德堡美术馆

的空虚和无法言喻的痛苦让我一直思考，是的，我理解那些寻短见的人。但我还远没到赞同的地步。我在上述的话中找到了力量，我觉得鼓舞自己并在工作中找到慰藉要好很多。"

在其他地方，凡·高表达了对自己的贬低，不断产生的挫败感来自工作中巨大的痛苦和永远都卖不出去的作品："在刚开始做画家的那段时间，"他在 1883 年的一封信中说，"我们不知不觉地就把生活过得特别艰难，我感觉自己胜任不了这份工作，我甚至怀疑我是不是永远都胜任不了，我有强烈的愿望去进步，又缺乏自信，但又无法抑制内心的躁动，快点做吧……它带来一种不安和躁动的感觉，使我们觉得很憋闷，像是夏日暴风雨将至的前一天……有时候我认为可以用这种痛苦的方式一辈子画下去，但不能总像刚开始一样收效甚微……只有当认识的那些人，理所应当地把我想成一个失败者的时候，我才觉得自己更加年迈，事实确实如此，如果事情不能好转的话；当我想到真的会这样，我会如此强烈地感觉到让我非常沮丧、情绪低落的事好像已经发生了。"而在 1888 年 10 月，在无法挽回的事件发生的前两个月，他还写道："我们只希望，画画对我来说或许不那么难了，关于画多少，是永远不够的。它们现在卖不出去的事实，给了我如此多的痛苦。"

凡·高的精神困扰（基本上是从幼年时期就开始了，因家庭环境而导致的生活上的不愉快）越来越严重，随着时间的推移，每况愈下的精神状态导致了他精神疾病的发作。在 1883 年与西恩分开之后（"我决定坚决抵制除工作之外的一切"，在下决心之前他说道），凡·高的个人情感便处于封闭状态，更简单地说，是在人性层面上，他在 1883 年写给弟弟的信中说道："其实除你之外，我没有真正的朋友，我总在情绪低落的时候想到你。"而在 1884 年，他又于写给弟弟的信中说道："我有可能变得完全与世隔绝，我可不是说这一定会发生，我要的不多，只要生活对我来说还有可能，我能承受得起，我就会很开心。但我要告诉你，我不认为这是我应得的命运，因为归根结底，我没这么做过，也不会去做，这样的事会使我失去作为一个人去感受其他人类生物的权利。"后来，在 1888 年 7 月，他在给弟弟的信中这样写道："但我被孤立了，我不能指望自己有朝一日能火起来，所以我只能让那些古怪的想法随风而逝了。"

除此之外，凡·高的生活水平非常低，物质生活上面临着各种问题，忍饥受饿成了家常便饭。"我猛地感觉所有攒在一起的烦恼让我窒息了，忽然觉得这些对我太沉重了，因为我再也没办法从容地展望和相信未来了。"这些也写在 1883 年给弟弟的信中。再就是他在经济上依靠弟弟，让他感觉自己没什么用，寻死的想法便随之而来："我觉得很抱歉，我宁愿生病，在那时死在博里纳日，而不是此时投身于绘画，那样的话我就不会是你的负担了。"他在同一封信中继续说。不久之后，还是在 1883 年："成了你的负担，我真的真的很抱歉……如果你无法承受这种负担，那就跟我说清楚。我宁愿放弃一切，而不是去掏空一个负担沉重的弟弟。"

最后，另一个促使凡·高精神问题加重的因素是"家人"：其实他妹妹威廉米娜在精神病院度过了近 40 年，并于 1941 年在那里去世，而他最小的弟弟科尔，于 1900 年自杀。

但凡·高究竟得了什么病，他的疯狂一旦爆发，怎么给它命名呢？没有任何临床检查报告，只有他自己，以及曾经照顾过他的医生和他的朋友们的证词。很难诊断，但也不是没有可能。在两家收留过他的医院，阿尔勒和圣雷米的医院，文森特被诊断为癫痫。他在写给妹妹威廉米娜的信中，曾提到过自己危险的状况，他写道："我当时完全不知道自己在说什么、想什么、做什么……我尽量不去记住这些，然后知道的就那么一点了。"这些症状与"无法忍受的幻觉病"相关联，视觉上和听觉上都是，而他从未出现过癫痫发作。正是出于这个原因，后来才有人认为凡·高患有间歇性癫痫。至于这是遗传性的还是诱发性的，或许可以一并考虑。

到目前为止，人们推测，引发文森特癫痫发作的外部原因

《静物：苦艾酒》
1887 年春
阿姆斯特丹，凡·高博物馆

更可能是喝了过量的苦艾酒，他之前可能大量饮酒，甚至成瘾。

在历史上，这款异常芬芳的烈酒带有茴香的苦味，1830 年左右在法国流行起来。法国当时刚刚占领了阿尔及利亚，在参加了这场军事战役的士兵之中，流传着这么一种说法：在水中混点苦艾酒，可以提高对伤寒、痢疾和霍乱的免疫力。苦艾酒在各个社会阶层流行开来，很快便成了前卫画家和作家之间所推崇的饮品。就是这么不可思议，比如说提到魏尔伦，就不可能不想到苦艾酒。这款开胃酒凭借其鲜艳的乳绿色，得到了"绿色仙女"或"危险绿"的绰号。喝苦艾酒成为一种真正的仪式，要遵循一些特殊的规则：把未经混合的苦艾酒倒入一只喇叭状的高脚杯中，然后用新鲜的水稀释（水和苦艾酒混合的最佳比例是五比一），再通过放有一块方糖的小滤勺将它缓缓倒入杯中（能时不时地发现各式奇形怪状的勺子）。最适合小口啜饮

（一种开场之前的"欢乐时光"）的时间为5点到7点之间（被叫作"绿色时间"），这个时间段在法国被称为"幽会时间"（它强化了法语的一个词"六点五[cinq-à-sept]"，指幽会）。从植物学的角度出发，苦艾草是一种两年生草本植物，它的学名是中亚苦蒿，自古以来就被认为是一种药草。由它制成的酒，以"苦艾酒"为名，自1805年起，由亨利-路易·佩诺德公司生产，在法国市场推出。苦艾酒具有68度的极高酒精含量，并含有一种生物碱——侧柏酮，会导致成瘾并扰乱饮酒者的精神状态。饮用苦艾酒会导致神经麻痹，并伴随出现一种现实脱离感。

　　苦艾酒对人体的影响取决于其摄入量。在滥用这种饮料的情况下，酗酒者或多或少地会像吸毒一样上瘾。随着时间的推移，此种饮料会对人体造成不可逆的损伤，如酗酒、情绪的严

左图
《凡·高在一杯苦艾酒前》
亨利·德·图卢兹-劳特累克 | 1887年
阿姆斯特丹，凡·高博物馆

右图
《苦艾酒》
埃德加·德加 | 1876年
巴黎，奥赛博物馆

《北部的记忆》
1890 年 3—4 月
阿姆斯特丹，凡·高博物馆

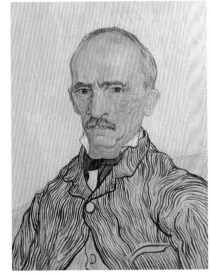

《圣雷米圣保罗精神病院的看护人特拉布克肖像》
1889 年 9 月
索洛图恩，艺术博物馆

重改变、易怒、好斗、无意识的行为，还会干扰视觉，甚至扭曲人的眼睛所看到的色彩。而且就像出现在今天的"混合加强版"毒品，如海洛因或可卡因等，19世纪的"绿色仙女"也因劣质生产而使品质差，但因其价格便宜，所以更加畅销；还有一些不法商家在酒中掺入混合了硫酸铜的艾草（为了使颜色更为抢眼），甚至是强效的镇静剂，如对人体危害巨大的鸦片酊。

19世纪下半叶，苦艾酒的消费在法国到达了高潮——直到1915年前它都是合法的。尤其是在艺术家之中，无论是画家还是作家，"绿色仙女"都备受欢迎：图卢兹－劳特累克、高更、莫迪利亚尼和杜米埃都是苦艾酒的忠实爱好者，马奈和德加甚至还画了一些以其为主题的作品；苦艾酒同时也有很多忠实的作家消费者，其中最出名的毫无疑问就是波德莱尔、兰波和之前提到过的魏尔伦。

在巴黎，凡·高也不例外地狂饮苦艾酒。他在阿尔勒时也是这样，好像他到此地还没一个星期，就有人因"过量"的"绿色仙女"而引起的极度兴奋住院了。如我们所说，苦艾酒会导致人们对颜色扭曲的认知，也就是色觉障碍；好吧，有人曾提出"凡·高黄"——那种在他阿尔勒作品中灿烂的、来自太阳特有的色调——正源自此视觉缺陷。此外，我们发现，苦艾酒的滥用会引发野蛮和暴力的攻击性冲动。有些人提出猜想，认为割耳事件能够说明突发的自残与过于敏感所带来的幻听之间有联系。不仅这样，它还激起了他与自身的对立，也是导致文森特在1890年7月冲动自杀，结束自己生命的原因。后来人们证实，那些苦艾酒成瘾的人完全不知道自己在做什么，这些人的情绪多倾向于焦躁而易怒。

除了癫痫的症状和与之相关的解释，许多其他可以解释凡·高遭受困扰的说法逐渐成形，比如说精神分裂及其所有一系列的症状，无论如何总要和癫痫与精神分裂扯上联系；而且，他也被认为有一些器质性的疾病，如青光眼，这就能解释文森特的一些画中为何会有绕着灯的光晕，或者是由美尼尔氏综合征所引起的耳鸣，而且还有其他触发性因素，比如说洋地黄中毒。

20 世纪上半叶，两位杰出的专家表达了他们对凡·高所患疾病种类的看法。

《金色的天空和阳光下的橄榄树》
1889 年 11 月
明尼阿波利斯，艺术学院

《情侣在弯月下散步》
1890 年 5 月
圣保罗，艺术博物馆

第一位是来自德国的哲学家、精神病学家卡尔·雅斯贝斯，他在 1922 年出版的《斯特林堡与凡·高》中，认为两位艺术家患有同一种精神疾病，也就是精神分裂症。不同于癫痫，其实这是另外一种严重的精神疾病，它会令患者人格分裂，从这个角度来讲，这与文森特以往的表现相矛盾，在圣雷米疗养不久后，1889 年 5 月 25 日他在写给弟弟的信中也这样说道："我敢说，一旦有人认识到治的到底是什么病，意识到这种特有的状态，以及人在发病中可能会怎样，我们就能为自己做点什么了，至少不会让我们再被焦虑和惊恐缠身了。"凡·高状况的不同之处在于，精神分裂症的假说似乎与画家表现出的症状相矛盾，他没有神志不清的老毛病，他所遭受的是抑郁、幻觉、严重的压力。

第二位是法国作家安东尼·阿尔托，他在一家精神病医院住院三年之后，于 1947 年的文章《社会中的自杀》中陈述了凡·高精神错乱的问题，借着这位不幸的荷兰艺术家，阿尔托以此来反对医院精神科的制度，坦言他是怎么度过那些日子的，他保证那些日子是反社会的。因此，在阿尔托这里，凡·高没被看作个疯子，他只是"痛苦"而"迷茫"的人，其实他懂得探究人的本性，没人像他一般表现出强烈的"对生命的渴望"，后来，阿尔托的这一表述被选作一部著名小说（之后是电影）的名字（中文电影中更多地被翻译为《欲海浮生》），它的灵感来源于这位在现实中不被赏识的艺术家一生。阿尔托在他的小册子上写了一段充满激情的话："凡·高是个疯子？如果某一天，有人能看懂人的表情，那就看凡·高的自画像吧，我想到他戴着软帽子的那张。这幅画中的凡·高特别空灵，这张屠夫的脸带着微红的毛发，他用恶狠狠的眼神监视、窥探、张望着我们，

右页图
《星空下的丝柏之路》
1890 年 5 月
奥特洛，克勒勒－米勒博物馆

就是这样。据我所知，只有心理医生才会带着具有压倒性的力量细致地观察一张人脸，那种不可辩驳而刻薄的心理，几乎能把你榨干……凡·高的目光悬在半空中，紧锁，于轻薄的眼睑后透出，眉毛稀疏，且没有皱纹。

"这是使人坠入深渊的一瞥，看穿一切的一瞥，那张被斧子砍划过的脸，像是一棵被锯得方方正正的树。但凡·高领悟到了那一刻，瞳孔跌落于虚无之中，那一瞥如一颗流星弹般丢向了我们，他用空洞而呆滞的颜色填满了它……凡·高说的对，人是可以永生的，只有永生才能使人满足，在这个世界、这个

《圣雷米的群山》
1889 年 7 月
纽约，所罗门·R.古根海姆博物馆

230

《以阿尔皮勒为背景的橄榄树》
1889 年 | 纽约，现代艺术博物馆
布面油画 | 72.6cm×91.4cm | 由约翰·海·惠特尼夫人捐赠

《星夜》
1889 年 | 整体和局部
纽约，现代艺术博物馆
布面油画
73.7cm×92.1cm
由莉莉·P. 布利斯捐赠

星球有足够多的永恒来满足千千万万伟大的天才，如果说在
凡·高的生命中没能实现他成名的愿望，那是因为这个社会阻
止了他。明确而故意地阻止了他。有一天他们告诉我：就是现
在，够了！凡·高，去坟墓里吧，我们受够了你没有穷尽的才华，
对我们来说它没有终点。凡·高还没让自己去追寻这穷尽，便
离开了人世……但他不得不看到那伙人是怎么否认他的，当他
还在的时候，他们相信自己才是永恒的，并以此对抗他……而
且，没人孤独地自杀，没人生来就孤独，就像没人孤独地死去
一样。自杀这件事，需要有一个巨大的恶魔，让身体决定做出
反自然的行为来剥夺自己的生命。"

刚刚引述的片段并不是一个个例，阿尔托为了揣测心理活
动，邀请了读者来观察凡·高的自画像，"这些肖像画，它们有

自己的生命，来源于画家的灵魂，没有任何一件机器可以捕捉"，其实这种说法证实了文森特肖像和有力的自画像就像是"灵魂的镜子"的理念，同时以明确的方式贬低了 19 世纪后期相当普遍的肖像照片潮流，关于后一点，凡·高对此坚信不疑：只有一个画家，而不是一个机械装置，可以做挖掘人类灵魂这样的事，他企图让通常隐藏于意识最深处的那些东西浮出水面。他画了不计其数的自画像，它们是有说服力的，他的书信也具有同样强大璀璨的光芒，随着时间的流逝，他灵魂的状态也在不断调整。在他所有的绘画作品中，有 40 余张作品随着他风格上的转换而发生变化，由初期现实主义的棕色调和明快色调，到后来的印象主义手法，直到最后作品中出现的非常个人化的效果。他在自画像的研究上，悠久的传统也有助他一臂之力。最重要的榜样是他的同乡，巨匠伦勃朗。他坚持画自画像，对他来说这是种精神上的财富，他一遍一遍地练习，几乎是强迫自己去反复找寻内心最深处他总想避开的那份真实。重复画自画像的另一个原因倒不重要，第一幅要追溯到巴黎初期，1886 年，因为凡·高无法支付给模特高额费用，所以他故作高兴地做着不得不做的事。

这本日记中的内容，其实是凡·高在自我分析层面上的总结。有一页写得特别感人，凡·高写到了那幅自画像，自画像中的他耳朵上缠着绷带，这是在阿尔勒意外事件之后画的，此时，图像代替了提炼过的情感，艺术家在使人痛苦的精神错乱中成形，又崩溃。

《有丝柏的麦田》
1889 年 9 月初 | 整体和局部
伦敦，国家美术馆

# 第六章

# 尾　声

# 圣雷米医院

　　文森特把他的耳朵给了妓女拉谢尔之后就回家睡觉了。第二天清晨，他的好朋友鲁林发现他昏倒在血泊之中。警察也来了，急忙把他送入阿尔勒的一家大医院。弟弟提奥即刻便守在了他的病床前，高更返回巴黎时就用电报通知过他了。起初，文森特的状态非常不好，并没有恢复意识。提奥在圣诞节晚上还陪着哥哥，可他不得不立即走，所以他拜托了三个他信任的人来照顾文森特，他们分别是：约瑟夫 – 艾蒂安·鲁林、教士弗雷德里克·萨勒和医院的主治医师让 – 费利克斯·雷伊。在朋友和医生的亲切关怀下，文森特的状态并不像预想的那样糟糕，而是几天后就康复回家了，但是一些新的问题迫使他反复住院。与此同时，他的异样使阿尔勒的居民开始感到恐慌。1889 年 3 月，30 位市民签了一份请愿书，要求"红疯子"离开这座城市，其结果是他被无数次地拘禁并在警察的要求下关闭了黄房子。反对这些措施的是和他最亲近的那些人，比如教士萨勒，他在写给提奥的信中说："想把一个没给任何人造成伤害、一个举手投足都充满爱的人关起来，是多么残忍，他又不是不可救药了。"文森特悲痛欲绝地在 3 月 19 日写信给弟弟："于是，我就在这严密监禁、整日有人看守的牢房里待了那么多天。没有缘由，甚至都不是我的错……你能明白对我来说这是一个怎样沉重的打击吧！当我看着这里无比可耻的人们不遗余力地欺负一个病得很重的人……一份请愿书已被交予市长……不管怎么说，就算事实如此，但我是伤害了我自己，不是别人啊。"而且，在3月底他写给弟弟的信中，他还提到："在我画画的时候、吃饭的时候、睡觉的时候或者说去妓院的时候（因为我没有妻子），从没人关心过我，但他们就是要管这件事。"

频频复发的精神疾病给凡·高带来了极大的困扰，他决定尽一切可能让自己快点康复。1889年5月8日，他自愿住进了普罗旺斯圣雷米附近的圣保罗－莫索尔精神病院。凡·高在院中由佩龙医生负责，他享有一定的自由，也可以在室外作画，还有一位保姆专门陪伴他。在那里，凡·高创作出了一系列天马行空的杰作：《星夜》（纽约，现代艺术博物馆）、《以阿尔皮

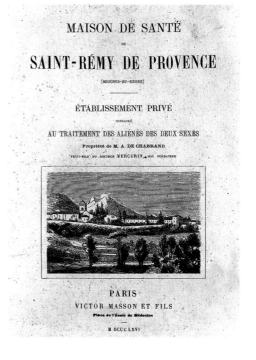

MAISON DE SANTÉ
DE
SAINT-RÉMY DE PROVENCE
(BOUCHES-DU-RHONE)

ÉTABLISSEMENT PRIVÉ
CONSACRÉ
AU TRAITEMENT DES ALIÉNÉS DES DEUX SEXES
Propriété de M. A. DE CHABRAND
PETIT-FILS DU DOCTEUR MERCURIN, SON FONDATEUR

PARIS
VICTOR MASSON ET FILS
Place de l'école de Médecine

M DCCC LXVI

245

《囚犯操练》
受古斯塔夫·多雷启发 | 1890 年 2 月
整体和局部
莫斯科，普希金博物馆

《圣雷米医院的花园》
1889 年 12 月
阿姆斯特丹，凡·高博物馆

《疯子画像》
1889 年
阿姆斯特丹，凡·高博物馆

勒为背景的橄榄树》（私人收藏）、《星空下的丝柏之路》（奥特洛，克勒勒－米勒博物馆），这些作品极具绘画张力，突显出凡·高对漩涡、波浪线条和动态光束的疯狂迷恋，这与他强烈的情感变化有着直接的联系。

现在这种精神障碍和艺术成果之间的假设对应关系引出了一个更为广泛的讨论，那就是艺术和精神错乱之间的关系，因太过宽泛而不在此处讨论。只提一件事，艺术表现的是想法，本质上理解为灵感，这是精神时而异常的结果，甚至可以归于某种特定的疾病，实际上这是一个善于幻想的后果，它的诞生有古老的源头，可以追溯到古希腊时期。其实柏拉图就认为灵感属于"狂热"的诗人、疯子、狂人或兴奋的人，这种狂热是艺术创作的基础。同样，在许多个世纪之后，在文艺复兴时期的意大利，创造力仍然与一种超常的气质联系在一起。在威特科尔的著名随笔《生来忧郁》中可以找到生动的解说，他解释到，那个时代的艺术家们带着土星的特点，就是说由土星控制。而这是颗"忧郁人儿"的星球，或者说，在那个时空的定义中，他们会被一种引发欲望的不平衡完全控制，而这样的条件好似正是为艺术家们准备的，通常来说他们都怪异、神经质、喜怒无常。最后，当浪漫主义再次确认了精神和情感的变化与艺术创作之间的联系时，"天才"和"疯子"则变成了同义词，人们在定义"艺术家"和"精神病"时，用的也几乎是同一个词。

《圣雷米医院花园里的树》
1889 年 10 月
洛杉矶，阿曼德·哈默中心

从此，人们便以浪漫主义为线索重新诠释了那些过往艺术家异于常人的个性，比如米开朗琪罗、卡拉瓦乔，以及一些疯狂天才的传说和许多现代艺术家所创造的令人无法理解的图像，凡·高正是其中的主要代表之一。无独有偶，在当今世界，资产阶级赢得了指挥权，社会上伪君子和公共大众的意识大获全胜，有个"等式"是：艺术家＝疯子，它扩宽了这个词的另外一种理解，新的一连串"等式"是：艺术家＝疯子＝被排挤的人，而它来自这个"等式"：疯子＝被排挤的人，尤其是资产阶级这样想。当阿尔勒拥有正统观念的人抨击"红疯子"的时候，他们为了能把凡·高监禁起来（凡·高已住院两次，但只有他精神疾病加重的一次被人们熟知）而使警方介入，总而言之，我们要面对的是 19 世纪的资产阶级一场偶然的试验，它要使有

左图
《凡·高在圣雷米医院工作室的窗子》
1889 年
阿姆斯特丹，凡·高博物馆

右图
《圣雷米医院的走廊》
1889 年 10 月
纽约，大都会艺术博物馆

《阿尔勒医院的病房》
1889 年 4 月
温特图尔，奥斯卡 · 莱因哈
特博物馆

可能颠覆已建立秩序的一个人、一项事业、一个艺术家、一种艺术，总之与它性质不同的事物变得对社会无害。

尽管凡·高的精神问题并不足以解释他的艺术天赋，但能同雅斯贝斯的观点达成一致的是，对这位荷兰画家来说，被扰乱的大脑是产生一种别样艺术感受的催化剂。那些反复出现在创作于圣雷米的画作中充满激情且相互缠绕的图形，如果不能被比作是一个暴躁且不受控制的灵魂无条理地在画布上的自动记录，那么至少那些纠结的笔画也可以被理解为一种带着强烈痛苦的个人特征。但这些作品被创作于文森特艺术生涯中一个非常特殊的时期，就像我们之前提到过的，他在尝试着画一些象征主义的作品。这些不自然且经过深思熟虑的笔法中似有非有的夸张，仅仅是艺术层面上的，并不是一种不可控的"自动记录"。尽管如此，精神病也不是不可调节的，它还能驱动和指引与它相似的艺术之路。后来，象征主义评论家奥里埃在 1890 年 1 月发表的文章中提到，"他（指凡·高）全部的作品都过火了：使蛮力，特别神经质，表达粗暴。"此外，奥里埃还强调了他所看到的画家"狂热"而"过于敏感"的性格与其艺术才华之间的直接联系。在奥里埃的文章发表后不久，1890 年 2 月 20 日文森特在谈到他自己及同他一样的艺术家时，似乎也持有相同的看法，他在写给妹妹威廉米娜的信中说道："我们或多或少都有些精神失衡，这使我们对颜色如互补色以及它们相互协调、对比产生的效果更加敏感。"

从另外一方面来看，艺术也可能反向作用于人的大脑导致其精神失常，也就是说某种特定的艺术行为影响了大脑，破坏了其思维的稳定性。自从凡·高开始尝试创作象征主义风格的绘画以来，他便感觉自己的神经遭受到了严峻的考验。1888 年 12 月，在凡·高病情复发后，他一贯的洞察力和自省力变得更加敏锐，他为自己的反常留下了不止一封信的证据，信中经常用"抽象"和"夸张"来形容他消极的状态。比如说在 1889 年 12 月初，他从圣雷米写给伯纳德的信中说道："当高更在阿尔勒的时候，如你所知，有那么一两回，我让自己走向抽象，在画《鲁林夫人》和《读小说的女教员》的时候，在黄色的图书馆中有一块黑色；那个时候我觉得抽象是一条很有魅力的道路呢。

《一个年轻农民的肖像》
1889 年 9 月
威尼斯，佩吉·古根海姆博物馆

亲爱的，这可是一个很迷人的领域啊，但很快我就发现无路可走了！"就是说有一堵墙，他觉得面对着它，还是可以抗争的，但会对精神造成永久的伤害，就像他后面在信中补充到的："如果我没写特别多，那是因为我要与疾病做斗争，要让自己的大脑平静下来，我不想再讨论了，我在这些抽象中感觉到了一丝危险。"

文森特在圣雷米的生活跌宕起伏，在那里，他度过了从过度工作到长期深度抑郁的时期。1889 年末，文森特经历了他最严重的一次发病，他吞食了颜料。他的弟弟与乔安娜·邦格于同年结婚。文森特在弟弟的帮助下，于同年 9 月参加了巴黎的独立者艺术沙龙。1890 年的 1 月，他在第八届布鲁塞尔二十人展中陈列了自己的作品，文森特在阿尔勒认识的年轻画家尤金·博赫的姐姐，在此连哄带骗地用 400 法郎买走了他的《红色葡萄园》，这是凡·高生前卖出去的唯一一件作品。3 月，在巴黎新一轮的独立者艺术沙龙中，莫奈称赞了他的作品。但凡·高的精神疾病却发作得愈加频繁，每次都比上一次严重且持续的时间更长了，"最严重的发作，会一次性地摧毁我画画的能力"，1889 年 9 月，他悲痛欲绝地写给提奥。文森特害怕失去唯一一件他还能继续且能带给他欢乐的事。而且看他这般咬紧牙关，不惜一切地往前走，让人心生怜悯，"生命流逝，时光不复，但我坚持着我的工作"，他在同一封信中写道。他肯定想要康复起来，至少想感觉好一点，他竭尽全力地紧握这一线希望："在发病时，我因痛苦和折磨而感到害怕……也许这种害怕是精神上的，而在此之前我没有任何使自己康复起来的愿望，而现在这个愿望可以使我一个人能吃下两人份的饭，工作得特别多，我还减少了与其他病人的接触，我生怕自己会再次陷进去，总之，我现在试着让自己康复，就像一个想要结束自己的人，却发现水太冰了，试着重新回到岸边。"在信的后几行他这样写道。于是他开始想着离他需要的弟弟近点，尤其当他在圣雷米医院的那些日子，他觉得其他人对他来说简直有害时："总之，不能生活在这种环境中，睡大街都比这种情况好……对，要结束在这儿的生活，我不能同时干两件事，工作，还有一大堆麻烦事，这是生活在此处这些奇奇怪怪的病人之中才有的。"他在那封信中反复讲到。

《红色葡萄园》
1888 年 11 月 | 整体和局部
莫斯科，普希金博物馆

《圣雷米的铺路工人》
1889 年 11 月｜整体和局部
华盛顿，菲利普美术馆

《欧韦的家》
1890 年 5 月
波士顿，美术博物馆

《科尔德威尔的草屋》
1890 年 6 月
巴黎，奥赛博物馆

# 加歇医生相
# 伴于欧韦

　　他弟弟5月时便写信给佩龙医生，询问有关把文森特转移到巴黎附近瓦兹河畔欧韦的可能性。文森特会在那儿得到加歇医生的照顾，提奥与他刚刚相识，他似乎有能力干好这件事。而且他是一名精神病方面的专家，保罗-费迪南·加歇其实是一位受人尊敬的先生，他与一些印象派画家有着很好的关系，尤其是塞尚，他自己也喜欢油画、素描和版画。

　　文森特在1890年5月16日离开了圣雷米医院，独自前往巴黎。他在提奥的家里愉快度过了三天，他在这儿同弟媳和刚出生才几个月的小侄子相识，小侄子同他一样叫作文森特·威廉。然后文森特便去往了瓦兹河畔欧韦，他先在圣奥班旅店待了些天，然后是市政厅广场拉乌夫妇开的咖啡膳宿旅馆。

　　在欧韦，凡·高重新能量满满地开始作画，在他生命的最后两个月里，他画了80多幅画，这个比例印证了他在整个职业生涯中对高产的迷恋，871幅画仅仅十年就完成了。最初，文森特和加歇医生之间的关系良好。医生变成了病人的朋友，并在每个星期日都邀请他去家里做客。文森特很乐观，觉得自己肯定能康复："加歇先生说，病不可能再复发了，现在这样特别好。"6月4日他这样写给提奥。与他精神状态和圣雷米作品中注重的研究形式遥相呼应的，是这个时期的画，它们似乎证实

加歇医生在瓦兹河畔欧韦的家

右页图
《加歇医生肖像》
1890 年 6 月
巴黎，奥赛博物馆

瓦兹河畔欧韦的拉乌膳
宿旅馆
1890 年 | 照片保存于阿
姆斯特丹凡·高博物馆

《欧韦葡萄园的景色》
1890 年 6 月
圣路易斯，艺术博物馆

《入口处的大道》
海牙 | 1872 年秋—1873 年春
阿姆斯特丹，凡·高博物馆

《以山丘为背景的草屋》
1890 年 7 月
伦敦，泰特美术馆

了他想要多一些的宁静。在此处我们看到的是一个头脑混乱的艺术家，在精神病院时为了构思艺术作品而太过用力之后，他在尽最大的努力寻找分寸。他想要重新开始，有条有理并心平气和地把画面表达得明快而和谐，风格更为朴实，色彩对比不那么暴力，线条不那么夸张，他需要控制情感。

这样既对肖像画有益处（比如说两个版本的《加歇医生》《弹钢琴的玛格丽特·加歇》《两个皱眉的小孩》），也对风景画有益处（例如《欧韦的家》《以车厢和火车为背景的风景画》），还对静物画有益处（例如《淡紫色的玫瑰花》）。在"新的道路"上，他对杜比尼的印象在这些画中也起到了作用，这是一位曾生活在欧韦的巴比松派画家，凡·高在年轻时候就仰慕他了。在他重生的同时，他也重新认识了绘画，遵循事物本来的样子，练习画出他眼前的物体，而不是记忆中的。文森特在 1890 年 7 月 10 日左右写给他的妈妈和妹妹的信中说："我整个人都被迷

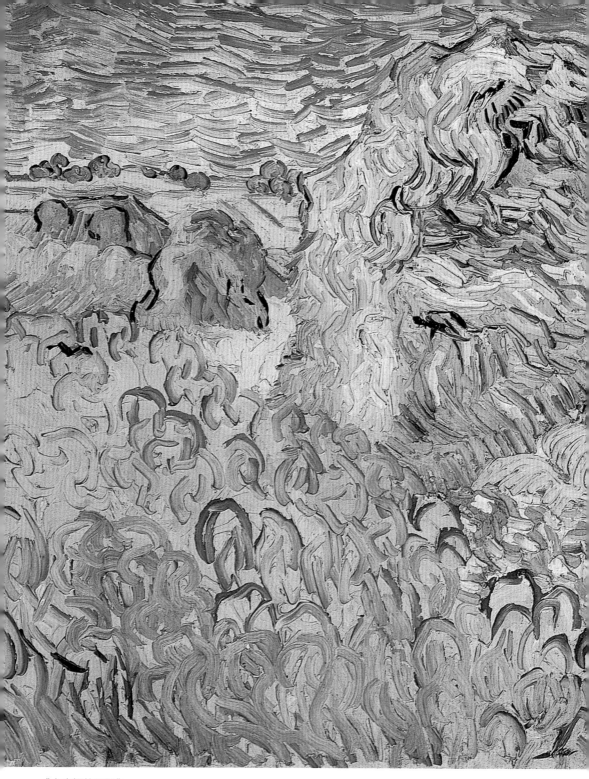

《有麦捆的田野》
1890 年 7 月
里恩 / 巴塞尔，贝耶勒基金会

266

住了，被山丘前铺满麦田的辽阔平原，它没有尽头，茫茫如海，有黄色，有淡淡的嫩绿色，一块耕种过的土地上有一抹温柔的紫色，带着开了花的绿色土豆作物，它们形成的图像如整齐排列的围棋一样，天空下所有的这些都带着蓝色、白色、红色和紫色的微妙色调，我的心情无比平静，现在的心境十分适合画这幅景象。"

《欧韦雨中的景色》
1890 年 7 月
加的夫，威尔士国家博物馆

　　然而，文森特发现很难抑制内心的冲突，比如说在《欧韦的教堂》中表现出了形式上的矛盾，优雅的构图与强烈的颜色不和谐，或者说被颤动且没条理的笔法所破坏，就像《麦田群鸦》一样，那些飞向远处的黑鸟真的会让人感觉散发出一种阴森森的死亡气息，"像他死亡脾器官中的黑色微生物"，安东尼·阿尔托如此说道。

《欧韦的教堂》
1890 年 6 月
巴黎，奥赛博物馆

欧韦的教堂

《麦田群鸦》
1890 年 7 月 | 整体和局部
阿姆斯特丹，凡·高博物馆

《树根和树干》
1890 年 7 月
阿姆斯特丹，凡·高博物馆

《乌云密布天空下的麦田》
1890 年 7 月
阿姆斯特丹，凡·高博物馆

这幅画，是横向大幅度拉长的一张画，和画家 1890 年 6 月中旬开始在许多风景画中采用的方式一样，这是凡·高最后一批画中最有争议的作品之一。作品中死亡的符号与其狂傲的风格使得很多评论家公认这是他的最后一幅画。事实上没有任何书面证据确认这一假设。他从欧韦寄给提奥的最后几封信的其中一封，写于 1890 年 7 月 10 日左右，提到了三幅画，两幅带有"飘摇天空下麦田辽阔"的特征，还有一幅是《杜比尼花园》（巴塞尔，由鲁道夫·施特赫林收藏）。可惜，泛泛地描述这两幅风景画和它们的规格（凡·高直接说"大"），是无法把它们严格区分开来的，他可能已经习惯这样画了，除《麦田群鸦》之外，这个时期其他的画也都如此，如《田野》（在苏黎世被私人收藏）、《欧韦乌云密布天空下的麦田》（匹茨堡，卡内基美术馆）、《乌云密布天空下的麦田》（阿姆斯特丹，凡·高博物馆）。因为缺乏一定的证据，一些重要的学者倾向于相信与多数人相反的观点，这幅戏剧性的画面，在天空和熟麦中悲伤飞行的乌鸦，绝不是文森特的最后一幅作品。反而极有可能是前面提到过的《杜比尼花园》，这幅画表现的是已逝画家别墅附近的花园。其实文森特 1890 年 7 月 23 日（开枪的 4 天前）在欧韦写给提奥的最后一封信中，提及了此事："杜比尼花园，最先看到绿色和玫瑰色的植物。在左边有绿色的灌木、紫丁香和带着白色的叶子的植物。中间是玫瑰花坛，右边有一堵墙，一片篱笆，墙上是带有紫色叶子的榛子。然后是丁香围成的篱笆，一排黄色的圆形椴木，背景是蓝色瓦片做成屋顶的房子。一个小长凳和三把椅子，一个带着黄帽子的黑身影，前面有一只黑猫。天空是浅绿色的。"如你所见，相对于《麦田群鸦》来说，这是一幅非常具有"田园"特色的画，尽管前者与接下来自杀的精神

《杜比尼花园》
1890 年
阿姆斯特丹，凡·高博物馆

《杜比尼花园》
1890 年 7 月
巴塞尔，施特赫林收藏

《杜比尼花园》
1890 年 7 月
广岛，艺术博物馆

状态更为一致。《麦田群鸦》被认为是阿姆斯特丹凡·高博物馆里艺术家最后一幅作品，只因它像完美的"遗书"，似乎有某种纯洁的力量。不仅仅如此，其他事件也与这幅作品相关。其实画中的那些元素用象征主义的方式表达了出来，三条小路、暴风雨的天空、乌鸦——随着时间的推移他释放了自己，表达确实杂乱无章，但这多多少少是有想象力的。它们被简单化了，但合情合理，比如说：小路的表达如同文森特生命中过去与未来的道路，暴风雨的天气像艺术家生活中越发沉重的问题（而且有这种说法：只有当乌鸦飞向看画者的那一方时，才会被认为是个消极的解释，要是它们没有飞向相反的方向，这个说法就不成立）。其他的解释就更难拿出来说了。在这之中，读到了乌鸦的翅膀效仿的是字母 V 和 W，正如艺术家姓名 Vincent Willelm（文森特·威廉）的首字母；甚至有一种解释说，天空中最亮的两个点是垂死的文森特的眼睛，他观察着自己的死亡，这种画面的表达符合他的"小心机"，是凡·高最后一幅自画像。

那些解释和假设中提到，文森特在欧韦的现实生活中待得越久，就越能感觉当时的自己被内心的恶魔所折磨，被它控制得越来越频繁。7月，一些家庭问题使他越发局促不安：提奥正逢经济困难，他的健康状况不好（1891年1月25日，在文森特去世六个月后他也去世了，他死于肾脏感染，也或许是梅毒），而且当时他的小侄子也不舒服。他怎么可能不烦心呢？要是弟弟不能再左右相随，他该如何是好？而他怎么好意思继续做提奥家庭开支的累赘呢？而提奥又要如何面对，为什么他已经有了自己的家庭，还要继续为文森特牺牲呢？而所有的担心，在他知晓弟弟不能履行在欧韦过暑假的承诺后，最后变成了绝望。

7月27日，文森特出门画田野了。在回来的路上，拉乌夫妇因为他煎熬的样子而担心并询问，他坦言向自己胸部开了枪，加歇医生被叫来，并立即告知了提奥此事。弟弟急忙赶到了文森特的床边，但他的生命已经画上句号，凡·高在7月29日晚上去世，享年37岁。在他身上找到一封未完成的信，收信人是提奥。写在纸上的话，听起来像是预兆："我在冒着生命危险做这份工作，且一半的理智都已消耗殆尽。"

我们最后的一个疑虑，是有关他自杀的，其中表现出了一些模棱两可的点。比如说枪的问题，文森特在7月27日带出去的左轮手枪从何而来？这件武器从未被发现，来路不明，在一大堆文献中都未被提及，直到今日仍是个谜。有两种猜想：第一种认为文森特早就在蓬图瓦兹买好了手枪；第二种是在那个悲伤的下午，他朋友拉乌为了让他在室外画画时驱赶乌鸦而给他的。后一种说法在事发多年后，由拉乌女儿艾德琳证实，彼时她还是个小姑娘。

另一个遗留的突出问题是文森特缺乏治疗，但在蓬图瓦兹附近的医院是有能力取出子弹并止血的。从这方面考虑，加歇医生是否采取了措施？他的反应是因为他当时已无力回天？还是说他没有意识到形势的严重性？我们怎么能忘记这方面呢？后期文森特和加歇之间已经彻底断绝交往了，文森特对他的能力表示严重怀疑，他在 1890 年 7 月 10 日左右写信给提奥说："我认为加歇医生是绝对不能信任的。"

凡·高的葬礼于 7 月 30 日举行。他的棺材被向日葵完全覆盖，那些他那么喜爱的花儿。在他欧韦的墓地旁长眠着他的弟弟提奥，他一生中慈爱的救助者。

# 凡·高的遗产

　　凡·高没有学生，也没开办过学校，在他生前，他的艺术只被少数人了解、欣赏：他的弟弟提奥，画家朋友埃米尔·伯纳德、毕沙罗、保罗·高更、亨利·德·图卢兹－劳特累克和几个思想开阔的评论家。但是他的研究很快就被 20 世纪最重要的一些先锋艺术家学习并发展，如野兽派、表现主义。他们（马蒂斯、德兰、弗拉曼克、马尔凯等）在 1905 年巴黎的秋季沙龙展中崭露头角，很大程度地受到了这位荷兰艺术家作画方式，而不是情感活动和艺术伦理上的想法的影响。最吸引他们的地方是凡·高作品中颜色所赋予的力量和凡·高画布上表现出的流畅而自由的关系。所以他们学习到的东西主要是视觉上的，这是一个更加自由使用颜色的跳板，由此对比强烈且时常不和谐的纯色可以愉快地交融。

　　不同的是，表现主义画家的兴趣点却转移到了内在层面。最重要的是通过一个人的风格而显露个人精神。文森特如我们所见，是个孤独的人，他同自己的作品对话，毫无疑问他更多地在表达自我，而不是脑中的印象：他的目标是使一些东西浮出水面，一些艺术家内心的东西，而不是他画的物件。这正是表现主义想要发扬光大的，从爱德华·蒙克到桥社（以埃内斯特·路德维希·基希纳、埃米尔·诺尔德、埃里希·赫克尔和

左页图
《呐喊》
爱德华·蒙克 | 1893 年
奥斯陆，国家美术馆

《科利乌尔的山》
安德烈·德兰 | 1905 年
华盛顿，国家美术馆

《梦》（1990年）中的一
幕，这是黑泽明导演的电
影，凡·高在乌鸦飞行的
麦田中，这是凡·高最后
几幅画中的一幅画面

《暴风雨来临之前》
马克斯·佩希施泰因 | 1910年
慕尼黑，现代艺术陈列馆

《筑墙》
埃里希·赫克尔 | 1907 年
马德里，提森－博内米萨博
物馆

马克斯·佩希施泰因为代表），桥社 1905 年诞生于德累斯顿，
它的风格很自由，非写实的颜色任由艺术家调配，这个艺术流
派所着重表达的是艺术家个人的情感状态。蒙克在欧洲绘画中
被认为是表现主义潮流的先锋，其作品中多使用的正是游离于
现实之外的颜色，蒙克想要用强烈的情感张力来营造一种阴暗
而痛苦的画面氛围。对于一些像诺尔德和赫克尔这样的表现主
义画家来说（对野兽派的德兰来说也是这样），凡·高的影响
巨大，他们对绘画都有独特的品位，作品中都充满了带有抽象
趣味的密集笔触。正是凡·高作品中的抽象元素使他的绘画影
响至今，他绘画中的抽象表达，其实是第一次含蓄地挑战常规，
在 20 世纪 40 年代后期成了行动绘画的主要创作方法，其中有
威廉·德·库宁和杰克逊·波洛克当今的重要作品。凡·高在
绘画用色上的创新研究和其独特的艺术个性，使得他的艺术在
推动印象主义向现当代艺术过渡时，起到了至关重要的作用。

19 世纪后期，凡·高的作品在市场上的表现就像大多数画家的一样，甚至还远不如他人。印象主义艺术家、不属于沙龙团体和学院派画家的作品，在市场上基本不属于公共订单内。在那个年代，尤其是在巴黎，一位艺术家想要获得成功是要极具天赋的：要足够尊重规则，听从主流学院派，他们特别看重绘画的主题，而不是艺术品的内在价值。谁要是不遵守这一系列的规则，谁就得出局。

被沙龙排除在外的蒙马特艺术家们，不得不依靠商人和投机者来打造一个自由的艺术品交易市场。这些画家的作品的第一批买家，并不在官方的圈子里，他们大多数是商人、银行职员或某方面的专业人士，最后一类买家中包括很多医生，比如加歇医生、很多印象派画家的朋友及他们身边的人，凡·高生命最后的日子里亦是如此。

这种情况在 19 世纪后半叶的巴黎极为常见，人们总能看到在一些商店和小餐馆的墙上悬挂着"造反派"艺术家的画：这些作品的主人往往出手大方，甚至没有想过这些画所带有的审美或商业价值，他们支持艺术家用油画和素描来支付那些躲不掉的账单。在此种方式中，他们自己也成了艺术品商人，身处一个可预见价格比艺术画廊如古皮尔公司所叫价格要低得多的

《鸢尾花》
圣雷米 | 1889 年 5 月
整体和局部
洛杉矶，盖蒂中心

《黄色背景的鸢尾花》
1890 年
阿姆斯特丹，凡·高博物馆

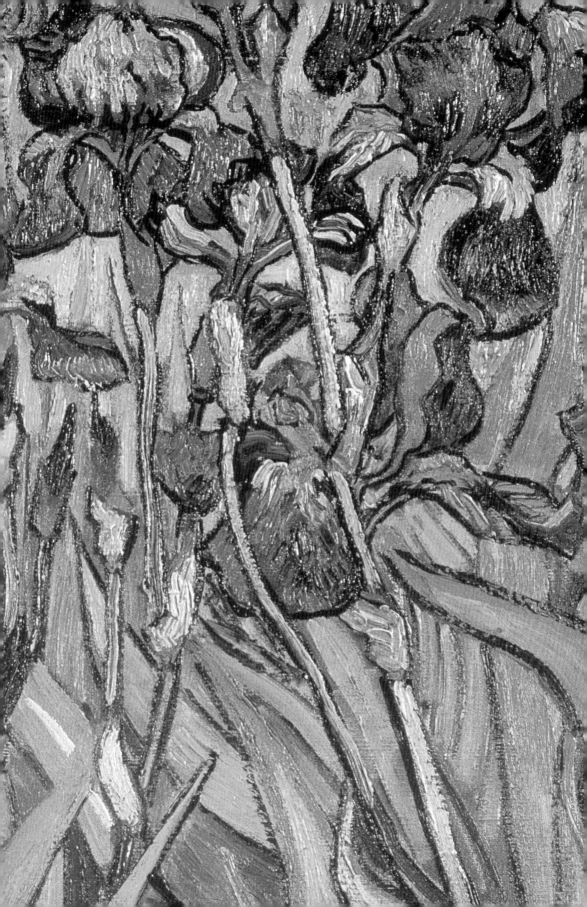

平行市场。

在这些凡·高作品的商人收藏者中，较有代表性的要数糕点厨师尤金·穆勒和之前提到过的唐吉老爹，那个画材店的老板，他是每一个光顾商店的人的朋友，自然也是凡·高的朋友。其实唐吉之前是个公证人，叫安布鲁瓦兹·沃拉尔，他是少数最先懂得新型艺术家作品巨大价值的人之一，但他所收集的作品仅是提奥·凡·高的冰山一角，在提奥·凡·高去世后，他所收藏的大部分凡·高和高更签名了的画作都留给了布索特&法拉东。

之前提到过凡·高一生中唯一卖出去的画——《红色葡萄园》（见第 256 页），在 1890 年初由画家尤金的姐姐安妮·博赫以 400 法郎购得。在凡·高去世后的十年间，得益于一系列幸运的回顾展，他的画作声名鹊起：1891 年举办了两场回顾展，一场为巴黎的独立沙龙，另一场由布鲁塞尔二十人展支持；另外两场分别在 1895 年和 1896 年举办，由安布鲁瓦兹·沃拉尔在他巴黎拉菲特街的画廊举办；最具影响力的还是 1901 年由勒克莱尔负责在巴黎伯恩海姆－热恩画廊举办的凡·高画作回顾展。此外，欧洲其他重要的凡·高画作回顾展在 20 世纪初相继于德国、英国、荷兰举办。1913 年，纽约军械库展览会中有欧洲现代艺术作品展出，其中也有来自大洋彼岸的凡·高作品。就在 20 世纪下半叶，尤其是在 80 年代末到 90 年代初，这位荷兰艺术家的作品已经价值千金了。

1987 年，凡·高在 1889 年 5 月创作于圣雷米的《鸢尾花》由苏富比拍卖行在纽约拍卖并引起轰动，之前没有任何一幅当代画作拍出这样的价格——5390 万美元。还不到三年的时间，一位日本大亨在 1990 年 5 月以 8250 万美元的价格买进了一幅

《阿尔勒妇女》
1890 年 2 月

《加歇医生》
1890 年 6 月

《加歇医生》，凡·高作品的价格大致如此。不过，貌似没那么重要的作品价格会稍微低一点。接下来他几乎被忽视了。1998年11月，佳士得拍卖行在纽约以7150万美元的价格拍卖了一幅凡·高创作于1889年的作品《没有胡子的自画像》（令人费解的是，拍卖行给这幅画的估价没有超过250万美元）。而在近些年，如2006年5月，来自鲍克温的《阿尔勒妇女》（1890）拍卖成交价格大致在4000万美元。

鉴于凡·高作品所达到的价格，有两段苦涩的话听起来很有意思，其中一段来自凡·高写给弟弟提奥的一封信（1889），另一段则来自提奥写给妻子乔安娜的信（1889年2月9—10日）。文森特写道，"艺术品交易的市场，只有当作者去世了价格才能涨上去，现在仍旧如此"；他还补充道，"人们口中的高价，给了已经去世画家的作品，活着是不会被开出高价的，这是一种'郁金香狂热'（泡沫经济），对于活着的画家来说，弊大于利"。而提奥在写给妻子的信中正好也谈到了文森特，他说："他的努力不会白费，但他可能在有生之年看不到成果，当人们懂得他画中在表达什么的时候，那就太迟了！他是最为先锋的画家之一，人们很难读懂他。即使对我这个懂他如此之深的人来说，也是如此。他的思想在一个特别广阔的田野上翱翔，他观察着什么是人性，思考着该如何看待这个世界，一个人首先要挣脱世间一切曾束缚着自己的常规，才能理解他想说的，而且我保证未来也会如此。但很难说要等到什么时候。"

**MONOGRAFIE E CATALOGHI:**

Jacob Baart de la Faille, *L'époque française de Van Gogh*, Parigi 1927.

Jacob Baart de la Faille, *L'oeuvre de Vincent van Gogh: Catalogue raisonné*, 4 voll., Bruxelles-Parigi 1928 e nel 1930 il vol. *Les faux Van Gogh*.

Jacob Baart de la Faille, *Vincent van Gogh*, Parigi-Londra-New York 1939.

Abraham M. Hammacher (a cura di), *The works of Vincent van Gogh: his paintings and drawings*, Amsterdam 1970.

P. Lecaldano (a cura di), *L'opera pittorica completa di Van Gogh da Etten a Parigi*, Milano 1977.

P. Lecaldano (a cura di), *L'opera pittorica completa di Van Gogh da Arles a Auvers*, Milano 1977.

R. Pickvance, *Van Gogh in Saint-Rémy and Auvers*, catalogo della mostra (New York, The Metropolitan Museum of Art 1986), New York 1986.

*Vincent van Gogh*, catalogo della mostra (Roma, Galleria nazionale d'arte moderna e contemporanea), Roma 1988.

*Van Gogh à Paris*, catalogo della mostra (Parigi, Musée d'Orsay), Parigi 1988.

*Vincent van Gogh. Disegni-Dipinti*, catalogo della mostra (Otterlo, Rijksmuseum Kröller-Müller - Amsterdam, Van Gogh Museum), trad. it. Milano-Roma 1990.

*Vincent van Gogh*, catalogo della mostra (Amsterdam, Van Gogh Museum), Milano-Roma-Amsterdam 1990.

*Van Gogh in nero. La grafica*, catalogo della mostra (Firenze, Istituto universitario olandese di storia dell'arte, ottobre-dicembre 1997), Firenze 1997.

*Van Gogh Face to Face. The Portraits*, catalogo della mostra (Detroit, Institute of Arts, Boston, Museum of Fine Arts, Filadelfia, Museum of Art 2000-2001), New York 2000.

D. W. Druick-P. Kort Zegers, *Van Gogh e Gauguin. Lo studio del Sud*, catalogo della mostra (Chicago, The Art Institute, 23 settembre 2001-13 gennaio 2002; Amsterdam, Van Gogh Museum, 9 febbraio-2 giugno 2002), trad. it. Milano 2002.

*Gauguin-Van Gogh. L'avventura del colore nuovo*, catalogo della mostra (Brescia, museo di Santa Giulia, 22 ottobre 2005-19 marzo 2006), a cura di M. Goldin, Conegliano 2005.

**EPISTOLARI:**

Johanna van Gogh-Bonger (a cura di), *Brieven aan zijn broeder*, 3 voll., Amsterdam 1914.

Vincent Willem van Gogh (a cura di), *Verzamelde Brieven van Vincent Van Gogh*, 4 voll., Amsterdam-Anversa 1952-1954.

*Tutte le lettere di Vincent Van Gogh*, 3 voll., Milano 1959.

*Vincent Van Gogh. Lettere a Theo*, a cura di M. Cescon, trad. di M. Convito e B. Casavecchia, Parma 1984.

E. M. Davoli, *La discesa infinita. La poetica di Vincent van Gogh attraverso l'epistolario*, Bologna 1985.

T. Giannotti (a cura di), *Vincent van Gogh. Lettere a Theo sulla pittura*, Milano 1994.

*Vincent van Gogh. 150 lettere*, trad. di A. Folin, Conegliano 2005.

V. Van Gogh, *Lettere a un amico pittore*, a cura di M. M. Lamberti, trad. S. Caredda, Milano 2006.

**TESTIMONIANZE DEI CONTEMPORANEI:**

P. Gauguin, *A proposito di Vincent van Gogh*,

(a cura di S. Mati), Pistoia 2001.

Emile Bernard, *Lettres de Van Gogh a Emile Bernard*, Parigi 1911.

Emile Bernard, *Souvenirs de Van Gogh*, in *L'amour de l'Art* (1924).

Emile Bernard, *L'enterrement de Vincent van Gogh*, in *Art Documents* (1953).

Paul Gauguin, *Avant et Après*, Lipsia 1918-Parigi 1923.

**OPERE E VITA:**

J. Rewald, *Il postimpressionismo. Da Van Gogh a Gauguin*, Firenze 1967 (ed. orig. New York 1956), pp. 573-595.

J. Hulsker, *Vincent and Theo Van Gogh. A Dual Biography*, 1990 (ed. orig. olandese, s. d.).

L. Venturi, *Van Gogh*, in *Le vie dell'impressionismo*, Torino 1970.

B. Bruce, *Vincent van Gogh, la vita e le opere attraverso i suoi scritti*, Novara 1985.

D. Formaggio, *Van Gogh in cammino*, Milano 1986.

A. Artaud-G. Bataille, *Il mito Van Gogh*, Bergamo 1987.

R. De Leeuw, *Van Gogh*, fascicolo monografico allegato al n. 22, marzo 1988, di "Art e Dossier".

G. Testori-L. Arrigoni, *Van Gogh*, Firenze 1990.

J. F. Walther-R. Metzger, *Van Gogh. Tutti i dipinti*, Milano 1990.

P. Leprohon, *Van Gogh*, Milano 1990.

T. Kodera, *Vincent van Gogh: Christianity versus Nature*, Amsterdam - Filadelfia 1990.

G. Fossi, *Sulle tracce di van Gogh*, Firenze 1990.

K. Jaspers, *Strindberg e Van Gogh*, ora in *Genio e follia. Malattia mentale e creatività artistica*, a cura di U. Galimberti, Milano

1990.

P. Bonafoux, *Van Gogh. Il sole in faccia*, Torino 1992.

J. Hulsker, *Vincent van Gogh. A Guide to His Works and Letters*, Zwolle 1993.

I. F. Walther-R. Metzger, *Van Gogh. Tutti i dipinti*, Colonia 1994.

A. Artaud, *Van Gogh, Il suicidato della società*, Adelphi, Milano 1996.

E. Crispino, *I maestri dell'arte. Van Gogh*, Milano 1996.

N. Heinich, *La gloria di Van Gogh. Saggio di antropologia dell'ammirazione*, 1997.

E. Crispino, *Van Gogh*, Firenze 1997.

I. Stone, *Brama di vivere*, Milano 1998.

E. Crispino, *Van Gogh. L'artista e le opere*, Firenze 1999.

J. Leighton, *Wheatfield with Crows*, Zwolle 1999.

G. Mori, *Impressionismo, Van Gogh e il Giappone*, fascicolo monografico allegato ad "Art e Dossier", n. 149, ottobre 1999.

I. F. Walther, *Vincent van Gogh* (Colonia 2001), trad. it. Roma 2001.

M. Goldin (a cura di), *L'impressionismo e l'età di Van Gogh*, Conegliano 2002.

A. Blühm, *Van Gogh tra antico e moderno*, fascicolo monografico allegato ad "Art e Dossier", n. 187, marzo 2003.

**STUDI MEDICI E PSICHIATRICI:**

M. Bonicatti, *Il caso Vincent Willem van Gogh*, Torino 1977.

F.-B. Michel, *Il volto di Van Gogh. Il folle, l'artista, l'uomo*, Milano 2001.

**SITI INTERNET:**

www.vangoghaventure.com

www.vggallery.com

*Sur les traces de Vincent van Gogh*, in www.chez.com/jeremy13

**图书在版编目（CIP）数据**

凡·高：灵魂之色 /〔意〕恩里卡·克里斯皮诺著；
曹夏夏译 . —上海：上海三联书店，2022.10
ISBN 978-7-5426-7791-4

Ⅰ.①凡… Ⅱ.①恩… ②曹… Ⅲ.①凡高（Van
Gogh，Vincent 1853—1890）–生平事迹 Ⅳ.
① K835.635.72

中国版本图书馆 CIP 数据核字（2022）第 142474 号

**凡·高：灵魂之色**

著　　者 /〔意〕恩里卡·克里斯皮诺
译　　者 / 曹夏夏
责任编辑 / 程　力
特约编辑 / 王兰英　李　芳
装帧设计 / 鹏飞艺术
监　　制 / 姚　军
出版发行 / 上海三联书店
　　　　　（200030）中国上海市漕溪北路331号A座6楼
邮购电话 / 021-22895540
印　　刷 / 济南新先锋彩印有限公司
版　　次 / 2022 年 10 月第 1 版
印　　次 / 2022 年 10 月第 1 次印刷
开　　本 / 710×1000　1/16
字　　数 / 66千字
印　　张 / 19

ISBN 978-7-5426-7791-4/K·677

定　价：89.00元